Colonel SAINTE-CHAPELLE

LA
CAMPAGNE DU MAROC

ET LES

ENSEIGNEMENTS DE LA GUERRE D'AFRIQUE

BERGER-LEVRAULT & Cie, ÉDITEURS

PARIS | NANCY
RUE DES BEAUX-ARTS, 5--7 | RUE DES GLACIS, 18

1908

LA

CAMPAGNE DU MAROC

ET LES

ENSEIGNEMENTS DE LA GUERRE D'AFRIQUE

Colonel SAINTE-CHAPELLE

LA
CAMPAGNE DU MAROC

ET LES

ENSEIGNEMENTS DE LA GUERRE D'AFRIQUE

BERGER-LEVRAULT & Cie, ÉDITEURS

PARIS | NANCY
RUE DES BEAUX-ARTS, 5--7 | RUE DES GLACIS, 18

1908

AU GÉNÉRAL D'AMADE

Commandant le corps de débarquement du Maroc à Casablanca

Mon Général,

Voulez-vous permettre à un vieil Africain de dédier cette étude au chef *plein de savoir et de cœur, de décision et de résolution, dont l'initiative éclairée a péremptoirement démontré une fois de plus que, après avoir fait énergiquement sentir aux Arabes le poids de nos armes, il est plus profitable de leur tendre la main que de les accabler en les ruinant et en les réduisant au désespoir ?*

Vous avez prouvé, une fois de plus, qu'on peut tout demander au merveilleux instrument de combat qu'est, pour qui le connaît et sait le mener, notre soldat.

Un chef droit, juste, affable, sans morgue, qui donne en tout et partout l'exemple, qui subit gaiement les mêmes fatigues et les mêmes privations que le simple troupier et se montre soucieux de son bien-être, peut tout exiger de lui. Il le tient par l'affection, sentiment autrement puissant sur nos cœurs que la crainte du châtiment, timor Domini ! Aimez le soldat : il vous aimera et vous suivra jusqu'à la mort. Vous l'avez de nouveau prouvé !

C'était la tradition des Hoche, des Marceau, des Desaix,

des Bugeaud. Elle a été trop rarement suivie, et mes souvenirs de 1870, à l'Armée du Rhin, ne me rappellent aucun nom digne d'être ajouté à cette courte liste. Parmi les causes de nos revers, ce n'est peut-être pas la moindre (¹).

Colonel Sainte-Chapelle.

Longueron, par Joigny (Yonne).

(¹) L'auteur de cette étude tient pour le plus grand honneur de sa carrière celui d'avoir commandé le 3ᵉ chasseurs d'Afrique dont deux escadrons viennent, à Casablanca, d'ajouter une page glorieuse à l'Historique de ce vieux régiment qui a eu pour colonels du Barail, Margueritte, Galliffet !!! et s'est illustré en Afrique, en Crimée, en Italie, au Mexique et à Sedan... La retraite lui en laissant le loisir, il s'est cru qualifié pour dire un mot des questions africaines qu'il a suivies de près, sur place, pendant ses années de service en Algérie et en Tunisie. Ces questions l'ont toujours passionné, par atavisme sans doute, le chef d'escadron Sainte-Chapelle, son père, ayant trouvé la mort (par suite d'insolation) pendant la campagne de Kabylie de 1857, qu'il faisait comme chef d'état-major de la division Yusuf. Il avait débuté en Algérie, à sa sortie de Saint-Cyr, le 27 décembre 1833, comme sous-lieutenant au 67ᵉ de ligne.

INTRODUCTION

La France est une puissance musulmane; elle est en contact, depuis 1830, avec le Maroc dont elle n'est séparée que par une ligne idéale sur une étendue de 1 200 kilomètres. Son intervention après les événements de Casablanca était un droit et un devoir. Elle est seule en mesure de pacifier le pays, ayant, à pied d'œuvre, son armée d'Afrique qui comprend un important contingent de troupes indigènes.

Écrite à un point de vue purement objectif, cette étude rappelle les enseignements que nous devons tirer des campagnes qui nous ont amenés à conquérir l'Algérie. Si nous y avons mis du temps, — près d'un demi-siècle, — c'est que notre ignorance du pays et de ses habitants, les tergiversations de nos gouvernements successifs et l'impopularité d'une guerre qui nous coûtait des hommes et des millions pour un résultat problématique, fournissaient aux partis d'opposition l'occasion de combattre le pouvoir par d'éloquentes diatribes, à la tribune du Parlement, au moment de la discussion du budget.

Nous avons depuis fait quelque progrès : l'établissement de notre protectorat en Tunisie s'est effectué en quelques mois, presque sans coup férir. L'opposition n'en fut pas moins véhémente : Jules Ferry fut accusé d'avoir inventé les Kroumirs ! Et l'assentiment donné par le prince de Bismarck à notre intervention n'était, disait-on, qu'un piège tendu à la simplicité du Président du Conseil.

Entre l'expédition d'Alger de 1830 et celle de Casablanca de nombreuses analogies s'imposent. Les causes en sont les mêmes : répression d'attentats réitérés dont nos nationaux ont été victimes, et mission, consentie par les puissances, dans l'intérêt de la civilisation. Néanmoins, en 1830 comme en 1907, nous nous heurtions à la malveillance d'une nation rivale, jalouse de notre relèvement pacifique après avoir été notre plus implacable ennemie, et encore enivrée de sa victoire. C'était alors l'Angleterre qui prenait le rôle tenu actuellement par l'Allemagne.

Pas plus en 1830 qu'en 1907, le gouvernement n'était fixé sur l'étendue de sa tâche : indécis sur le *but,* il ne pouvait y conformer les *moyens.* L'incertitude n'était pas moindre dans le pays, et, au Parlement comme dans la presse, les partis d'opposition faisaient rage.

En 1830, ce sont les circonstances et la force des événements qui ont amené l'occupation de l'Algérie. Les mêmes causes ne peuvent produire que les mêmes effets, et, de même que nul homme sincère et raisonnable ne peut nier les avantages qu'a procurés au monde civilisé l'établissement définitif de la France dans l'ancien repaire de pirates qu'était la Régence d'Alger, de même nous aurons droit à la reconnaissance de toutes les nations en pacifiant le Maroc barbare et fanatique, anachronisme vivant qui, au seuil de l'Europe, est un danger permanent et une honte pour la civilisation.

LA
CAMPAGNE DU MAROC

ET LES

ENSEIGNEMENTS DE LA GUERRE D'AFRIQUE

I

LES CAUSES DE L'INTERVENTION FRANÇAISE

Si l'on en juge par le nombre des interpellations que subit le gouvernement et par les commentaires malveillants de la presse d'opposition, on est forcé de constater qu'en France l'opinion publique, si elle a compris la nécessité de notre action au Maroc, n'a jamais envisagé toute l'étendue de la tâche qui nous est imposée.

Nous avons accepté, à la conférence d'Algésiras, d'être, de concert avec l'Espagne, les mandataires de l'Europe chargés d'assurer, dans les ports marocains, l'ordre, la sécurité des personnes et la liberté des transactions. L'intérêt spécial qu'a la France au maintien de l'ordre dans l'empire chérifien, déjà reconnu par le traité de 1845, lui a été confirmé par le protocole du 8 janvier 1905.

Mais avant que l'organisation des troupes de police prévue par l'acte du 7 avril 1906 fût commencée, les événements de Casablanca, au mois de juillet 1907, nous conféraient un devoir imprescriptible : celui de venger l'assassinat de nos nationaux et, par extension, des Européens qui avaient été victimes du même accès de fanatisme xénophobe.

Le massacre de Casablanca, consécutif à de nombreux et récents attentats à la vie et aux biens des chrétiens et de leurs protégés, démontre péremptoirement que non seulement le prestige de la puissance française, mais celui de la puissance européenne a singulièrement décru au Maroc; et cette situation fâcheuse peut être attribuée, pour une certaine part, au geste irréfléchi de l'empereur d'Allemagne dont la visite sensationnelle à Tanger, le 31 mars 1905, tendait, en dépit de la réalité, à consacrer Abd-el-Azis comme un souverain effectif et à reconnaître le Maroc pour un État constitué, double illusion inspirée par les menées du parti colonial allemand (¹).

Le Maroc est une simple expression géographique, car le territoire délimité sous ce nom sur nos atlas est habité par des tribus de races différentes, à peu près autonomes, hostiles les unes aux autres et toujours en conflit armé avec les tribus voisines. Unis seulement par le fanatisme musulman dans une haine commune du *roumi*, Arabes et Kabyles marocains en sont au degré de civilisation où se trouvaient leurs coréligionnaires algériens quand notre armée débarqua à Sidi-Ferruch, en 1830. Leur mentalité

(¹) Les journaux allemands qui, pour combattre l'action française, célèbrent un patriotisme marocain dont pour eux Moulai Hafid est le représentant, seraient-ils si mal renseignés ? Il est permis d'en douter. D'une étude sur le Maroc parue dans le *Militär-Wochenblatt*, journal officiel de l'armée prussienne, nous tirons ce renseignement fort juste sur le caractère des Arabes qui habitent certaines régions : « *dessen Einwohner sich durch Wildheit und Fanatismus auszeichnen und nur nominell unter der Botmässigkeit des Sultans stehen* » (dont les habitants se distinguent par leur barbarie et leur fanatisme et ne sont que nominalement les sujets du sultan). L'auteur, le lieutenant Quedenfeldt, nous renseigne incidemment sur les intentions inavouées de son pays en se plaignant des divulgations intempestives des journaux allemands qui ont fait perdre au gouvernement impérial l'occasion de combattre, auprès du maghzen, l'influence que nous y avions acquise : « Ici, dit-il, c'est la France qui tient le premier rôle et elle doit son succès à notre maladresse. Lorsque, en 1877, notre représentant au Maroc, M. Th. Weber, ministre résident à Tanger, allait conduire à Fez une mission à laquelle étaient attachés plusieurs officiers allemands, nos journaux publièrent aussitôt que ces militaires seraient accrédités auprès du sultan comme instructeurs de son armée. Par suite de cette publication intempestive, dont la presse franco-anglo-espagnole fit grand bruit, le gouvernement français imposa aussitôt ses propres instructeurs (*Militär-Wochenblatt*, n° 81, octobre 1882).

rappelle, sous bien des rapports, celle de nos aïeux au temps des croisades. Ils obéissent à des caïds, sorte de barons féodaux, grands vassaux d'un suzerain d'ordre à la fois religieux et politique ; et la principale ambition de ces dignitaires est de s'affranchir de tout vasselage. Toutefois, le lien religieux créé par l'intolérance musulmane est, pour nous Français, un danger. Nous avons avec le Maroc plus de 1 200 kilomètres de frontière commune et, comme nous comptons une dizaine de millions de sujets (où protégés) mahométans, toute explosion de fanatisme, au Maghreb, peut avoir une dangereuse répercussion parmi les peuplades qui nous sont soumises. C'est pourquoi, depuis que la conquête de l'Algérie nous a mis en contact avec l'islam, nous avons été amenés progressivement à étendre notre influence civilisatrice par la pénétration du Sahara, l'occupation des oasis du Touat, du Gourara et du Tidikelt et par la conquête du Tchad, des territoires du Niger et de la Mauritanie. Nous encerclons le Maroc sur toute sa frontière terrestre et nous ne pouvons nous désintéresser de ce qui s'y passe. Les habitants sont, il est vrai, réputés pour leur sauvagerie : mais nous sommes depuis trop longtemps au contact des musulmans pour en être encore à redouter la guerre sainte, *djchad,* si souvent prêchée contre nous. L'idée de patrie n'existe pas chez les Arabes, et le fanatisme religieux qui les unit ne va pas jusqu'à leur faire méconnaître les avantages des biens terrestres. Toujours avides de celui d'autrui, les nomades ont l'amour du pillage et s'allient sans vergogne au roumi s'ils y trouvent leur profit. C'est en tirant parti des rivalités de clans et de haines parfois séculaires entre les tribus de l'Algérie que nous l'avons conquise. Mahomet, en inspirant à ses sectateurs le fatalisme, les a rendus dociles à la loi du plus fort, car le Coran défend au vrai croyant d'accepter la suprématie de l'infidèle... sauf quand il l'impose *bessif* (par le sabre).

Il résulte de ces considérations que : 1° en raison du droit qui ne peut être refusé à la France de défendre ses possessions en Afrique ; 2° en vertu du mandat qui nous a été donné à Algésiras, l'envoi, à Casablanca, d'une brigade mixte aux ordres du général Drude était parfaitement légitime ; aucun gouvernement n'a d'ailleurs protesté. C'était non moins nécessaire, car l'hésita-

tion était un aveu d'impuissance, fâcheux pour notre prestige et
de nature à compromettre l'œuvre de civilisation et de progrès
que, depuis un demi-siècle, nous poursuivons avec autant de persé-
vérance que de succès. Notre intervention armée, au Maroc, était
un droit et un devoir; mais il était de toute évidence que la
répression des attentats contre nos nationaux ne serait pas obtenue
sans coup férir. Alors pourquoi l'opinion semble-t-elle surprise
que les engagements de nos troupes avec les bandes marocaines
soient marqués par des morts et des blessés? A vrai dire, le pays
n'est nullement ému; mais les partis d'opposition profitent du
moindre incident pour combattre le gouvernement, sans nul
souci du tort qu'ils peuvent faire à la France. Que les admira-
teurs de l'antipatriote Hervé, tel l'honorable M. Jaurès, célèbrent
les vertus militaires et civiques du « peuple marocain » combattant *pro aris et focis,* mutilant et souillant les cadavres de nos
soldats, ce n'est pas pour nous étonner. Mais qu'un parti politique paré du titre de *nationaliste,* faisant profession de haïr
collectivement à peu près tous les peuples — et, à l'intérieur,
tous les Français qui ne partagent pas ses idées et qu'il englobe
sous des rubriques variées et collectives : républicains, juifs,
métèques, etc. — que le parti nationaliste, toujours prêt à partir
en guerre soit contre l'Angleterre, soit contre l'Allemagne,
vienne quotidiennement nous menacer de la colère allemande et
nous prédire les pires catastrophes, c'est par trop contradictoire,
car il est malséant d'allier l'amour du panache à la crainte des
coups (¹).

Notre intervention armée était légitime et nécessaire. Nous
étions, d'autre part, seuls en mesure de la mener à bien. Seuls,

______

(¹) N'est-il pas stupéfiant de constater que certains *défenseurs de l'armée* aient, soit
à la tribune parlementaire, soit dans la presse, accusé telle fraction de nos troupes
d'avoir fait « triste figure » devant l'ennemi, sur un compte rendu télégraphique des
combats livrés les 16 et 17 février, peu explicite dans son laconisme, qui annonçait
qu'une compagnie d'avant-garde avait dû se replier en se faisant jour à la baïonnette
après avoir perdu ses trois officiers. Or, en réalité, cette compagnie, la 10ᵉ du 4ᵉ tirailleurs, assaillie en tête, en flanc et en queue par des forces très supérieures, a chargé
sept fois à la baïonnette, sans laisser aucun de ses morts aux mains des Marocains, et
a mérité les félicitations du général d'Amade. Combien sont regrettables ces jugements
hâtifs portés sur des actions de guerre dont les détails ne sont pas connus ! On peut se
figurer l'impression qu'ils produisent sur l'esprit des troupes quand elles en ont connaissance.

en effet, nous sommes à pied d'œuvre et nous possédons, sur place, des troupes indigènes incomparables, auxquelles l'instruction professionnelle et la discipline acquise n'ont rien fait perdre de leurs instincts guerriers. Il est d'une haute importance d'employer des musulmans à combattre leur coréligionnaires fanatisés. Aussi faut-il reconnaître que nous pouvions d'autant moins nous soustraire à l'obligation de réprimer les attentats commis contre les Européens, que seuls nous pouvions entreprendre cette tâche, puisque seuls nous possédons l'instrument nécessaire.

En résumé, nous n'avons pas à regretter d'être tombés dans le « guêpier marocain ». Nos troupes y ont fait preuve d'une vaillance, d'une endurance et d'un entrain dont nos adversaires, français et étrangers, semblaient douter. Les admirables qualités militaires de nos officiers de l'armée d'Afrique, énergie morale et physique, décision, initiative, camaraderie de combat, si souvent ignorées en raison du théâtre éloigné où elles se donnent carrière, ont été mises en lumière.

Est-ce à dire que notre action au Maroc ait été réglée, jusqu'à ce jour, dans les meilleures conditions et que, pour l'avenir, notre situation politique et militaire soit nette et le résultat de notre intervention décisif? Non, certes! Si le Parlement a fait preuve du plus louable patriotisme en votant, par d'écrasantes majorités, les témoignages de confiance demandés par le gouvernement après chaque interpellation, nous conviendrons que ce dernier, par son attitude incertaine, flottante, hésitante, a augmenté les difficultés de l'action militaire, tantôt par l'indétermination du but et des moyens qu'il imposait au commandement et plus souvent encore par ses ordres restrictifs et formels, donnés à distance.

Il n'est peut-être pas sans intérêt de rappeler quelles analogies s'offrent entre notre intervention actuelle, au Maroc, et l'expédition qui nous fit prendre pied à Alger. Les causes sont identiques : l'envoi de nos troupes, en 1830 comme en 1907, était motivé par l'obligation de tirer vengeance d'attentats dont nos nationaux avaient été victimes. En même temps, nous assumions une tâche d'intérêt général comme mandataires de l'Europe à l'encontre de la barbarie et du fanatisme musulmans.

En 1830 comme en 1907, nous nous heurtions à la malveillance non dissimulée d'une puissance rivale, jalouse de notre relèvement pacifique après avoir été notre implacable ennemie. C'était alors l'Angleterre qui assumait le rôle pris aujourd'hui par l'Allemagne. Pas plus en 1830 qu'en 1907, le gouvernement français n'était fixé sur l'étendue et les conséquences de sa tâche. L'incertitude n'était pas moindre dans le pays, si l'on en juge par les opinions de ses mandataires, exprimées à la tribune, et par les polémiques des journaux. Au début, deux partis : le gouvernement, décidé à l'intervention, et l'opposition, hostile. Mais, après le débarquement de nos troupes, à Alger comme à Casablanca, aux deux partis, de la non-intervention, d'abord, puis de l'évacuation immédiate, et de l'occupation plus ou moins étendue et active, s'en ajoute un troisième : celui de l'occupation restreinte et passive. En 1830, ce sont les circonstances et la force des événements qui ont amené notre occupation. Les mêmes causes ne peuvent que produire les mêmes effets. Et, de même que nul homme sincère et raisonnable ne peut nier les avantages procurés au monde civilisé par notre occupation de l'Algérie, de même nous aurions droit à la reconnaissance de toutes les nations en pacifiant le Maroc barbare et fanatique, anachronisme vivant qui, à quelques lieues de l'Europe, est un danger permanent et une honte pour la civilisation.

Au point de vue purement militaire, la comparaison entre les éléments dont la France disposait en 1830 et ceux qu'elle peut mettre en œuvre aujourd'hui est particulièrement intéressante. Le gouvernement de la Restauration disposait de l'armée permanente fournie par la loi du 10 mars 1818, modifiée par celle du 9 juin 1824. La durée du service actif, fixée à *huit* ans par la première, avait été maintenue par la seconde et ne fut réduite à *sept* ans que par la loi du 21 mars 1832. Les corps comptaient beaucoup de vieux soldats, *remplaçants* ou rengagés. C'est donc une *armée de métier* qui a conquis l'Algérie ; mais une armée métropolitaine, ignorante des conditions de la vie d'Afrique, en garnison comme en campagne ; et cette inexpérience nous a coûté un nombre incalculable de soldats, tant que la relève des régiments employés en Afrique imposa de nouvelles pertes aux troupes tirées des garnisons de France, pendant plus de quarante années, jusqu'à la constitution du 19ᵉ corps d'armée au moyen de corps spéciaux d'infanterie et de cavalerie. Les troupes qui ont pris part aux opérations militaires, depuis 1907, tant contre les Chaouïa que sur la frontière oranaise, comprenaient une proportion importante de soldats de métier, tirailleurs, spahis, légion étrangère, goumiers ; cependant, les zouaves, les chasseurs d'Afrique, l'artillerie, le génie et les services, recrutés d'après la loi du service de deux ans (21 mars 1905), ont fait preuve d'une instruction militaire, d'une résistance à la fatigue, d'un entrain très supérieurs à ceux de leurs devanciers de 1830 et se sont, en toute occasion, montrés vigoureux et mordants. Encore faut-il constater, à leur honneur, que ces troupes avaient été réunies dans les plus déplorables conditions, hâtivement et par alerte, en unités *de marche,* au moyen d'*anciens* d'un an de service, prélevés sur tous les escadrons, compagnies et batteries, encadrés par des officiers et des gradés nouveaux et placés sous le commandement de chefs qui leur étaient inconnus. Un tel fait est la négation de toute notre organisation militaire nouvelle, fondée sur une éducation et une instruction de combat qui doivent être exclusivement données par l'officier dont la mission sera de conduire au feu *ses hommes,* ceux-là mêmes qu'il a formés, qu'il connaît pour ne jamais les quitter en garnison ni en marche, auxquels il consacre son temps et ses forces, dont il défend les intérêts moraux et matériels et dont il a besoin d'être connu et *aimé* pour en obtenir le plus complet dévouement et l'abnégation qui va jusqu'au sacrifice le plus dur à tout être humain, celui de sa vie ! Si, de l'amalgame hâtif imposé par les circonstances, nos officiers ont tiré un merveilleux parti, c'est tout à l'honneur de notre armée d'Afrique : aucune armée d'ancien régime n'aurait pu accomplir rien de tel.

Cette constatation a frappé l'étranger plus encore que nous-mêmes, et notre action au Maroc a plus fait pour notre renom militaire que vingt ans de travaux pacifiques. Certains ont ingénument constaté qu'ils ne croyaient pas les Français capables de tant d'énergie (¹).

(¹) « Les Américains et la France », par M. André Tardieu (*Temps* du 22 avril).

Si, en retraçant à grands traits les phases successives de notre conquête de l'Algérie, j'insiste particulièrement sur les fautes commises, c'est que le commentaire de tout échec offre, à qui étudie l'histoire de nos campagnes, des enseignements plus féconds que les bulletins de victoire. Notre passé militaire comporte assez de gloire pour nous permettre de relever impartialement les causes de nos insuccès, dus soit à l'impéritie du commandement, soit à l'inexpérience des troupes. *A la guerre, les fautes se paient!* Il est donc utile d'en chercher les causes. La présente étude, faite *sine ira et studio,* est dépourvue de toute intention dénigrante à l'égard de nos anciens. Les faits parlent : ils sont tout à l'honneur de nos méthodes actuelles d'éducation et d'instruction militaires ; et il est permis de le dire, car cette constatation ne peut être, pour nos officiers et pour nos jeunes soldats, que réconfortante.

II

L'EXPÉDITION D'ALGER EN 1830

En principe, le gouvernement d'Alger considérait la guerre contre les chrétiens comme son état normal. Il se croyait le droit de les réduire en servitude, partout où il les trouvait ; et il fallait, pour qu'il s'abstînt d'en user, qu'un traité positif lui fît un devoir de respecter les sujets de telle ou telle nation. Encore ces traités, par lesquels les gouvernements chrétiens s'engageaient à payer de véritables tributs, déguisés sous le nom de présents, n'étaient-ils jamais respectés. Ainsi, aussitôt après que l'indépendance des États-Unis d'Amérique eut été reconnue, les Algériens attaquèrent leur pavillon, parce qu'aucun traité ne les liait avec cette nouvelle puissance : elle s'engagea à payer à la Régence un tribut annuel de 24 000 dollars, et ne s'en affranchit qu'en 1815, en envoyant une flotte qui, chemin faisant, captura plusieurs bâtiments algériens, et se présenta devant Alger qu'elle menaça d'un bombardement. Le dey Omer-Pacha, surpris, accorda aux États-Unis un traité avantageux.

En 1816, une flotte anglaise, commandée par lord Exmouth, après un bombardement de neuf heures, força le même Omer-Pacha à délivrer tous les esclaves chrétiens qui étaient au bagne d'Alger.

Cependant, dès 1818, Omer-Pacha, ayant mis Alger en état de défense, put braver une flotte combinée anglo-française qui vint le sommer, au nom du congrès d'Aix-la-Chapelle, de s'abstenir, à l'avenir, de toute hostilité contre les États chrétiens.

En 1817, la France conclut un traité qui la remit en jouissance de nos pêcheries de La Calle, moyennant une redevance de 60 000 francs que le dey portait arbitrairement, trois ans plus tard, à 200 000 francs, ce qui fut accepté, pour éviter la perte de nos établissements.

En 1818, un brick français fut pillé par les habitants de Bône sans que notre gouvernement pût obtenir réparation.

En 1823, la maison de l'agent consulaire de France y fut violée par les autorités algériennes, qui refusèrent toute satisfaction de cette offense. Des navires romains, portant pavillon français, en vertu de la protection accordée par la France au Saint-Siège, furent capturés et des marchandises françaises saisies.

Le 23 avril 1828, notre consul à Alger, M. Deval, est frappé d'un coup de chasse-mouches, par le dey Hussein, qui accompagne ce geste de propos injurieux contre le roi. Les menaces du ministère Villèle n'ayant pas réussi à intimider Hussein, le blocus du port d'Alger fut ordonné. L'année suivante, le vaisseau *La Provence*, admis à y entrer sous pavillon parlementaire pour y porter un ultimatum, fut canonné à sa sortie (¹).

Une expédition contre la Régence, alors proposée par le ministère Polignac, ne fut décidée que l'année suivante. Mais l'Angleterre en prit ombrage et le comte d'Aberdeen, principal secrétaire aux affaires étrangères, chargea, le 5 mars 1830, son ambassadeur à Paris de provoquer des explications sur les armements de la France. Le gouvernement de S. M. Britannique comprenait et approuvait, disait-il, que la France voulût tirer satisfaction des injures qu'elle avait reçues de la Régence d'Alger, mais les formidables préparatifs qui se faisaient donnaient à craindre qu'on n'eût en vue d'y laisser un corps d'occupation à titre définitif. Le prince de Polignac refusa de répondre; mais il adressait, le 12 mars, à tous les représentants de la France auprès des cours étrangères, une note circulaire destinée à communiquer à toute l'Europe chrétienne les explications qu'il ne convenait pas de donner à l'Angleterre seule : « Le Roi, y était-il dit, ne bornant plus ses desseins à obtenir la réparation des griefs particuliers à la France, a résolu de faire tourner au profit de la chrétienté tout entière l'expédition dont il a ordonné les préparatifs et il a

---

(¹) Le comte d'Attili de Latour, consul général de Sardaigne, chargé de la protection des intérêts français à Alger, écrivait : « Quelques-uns des consuls que je n'ose pas nommer, abandonnés à leurs passions,... osèrent persuader au dey qu'il fallait repousser tous les moyens d'accommodement, en l'assurant que la France céderait... » (*La Conquête d'Alger*, par Camille ROUSSET, 1880).

adopté pour prix de ses efforts : la destruction définitive de la piraterie, l'abolition absolue de l'esclavage des chrétiens, la suppression du tribut que les puissances chrétiennes paient à la Régence... » En cas de dissolution du gouvernement existant à Alger, « le Roi, dont les vues sont toutes désintéressées, se concerterait avec ses alliés pour arrêter le nouvel ordre de choses qui, pour les plus grands avantages de la chrétienté, devrait remplacer le régime détruit et qui serait le plus propre à assurer le triple but que Sa Majesté s'est proposé d'atteindre ».

Les exigences de l'Angleterre allaient croissant ; se déclarant mal satisfaite, presque offensée, elle insistait pour que la France renonçât explicitement à toute vue d'occupation territoriale ou d'agrandissement et réclamait une réponse positive. « L'affaire, écrivait lord Aberdeen le 4 mai, commence à prendre un mauvais aspect et à faire naître des doutes et des soupçons que le gouvernement de Sa Majesté ne désire assurément pas voir se confirmer. » M. de Polignac adressa, le 12 mai, à l'Europe, de nouvelles communications dont l'Angleterre n'avait qu'à prendre sa part. Il y était dit qu'au moment où la flotte française allait prendre la mer, le roi désirait s'expliquer de nouveau avec ses alliés. « Deux intérêts, continuait le ministre, ont motivé les armements qui se sont faits dans nos ports. L'un concerne plus particulièrement la France : c'est de venger l'honneur de notre pavillon... et de nous faire donner une indemnité pécuniaire qui puisse... diminuer pour nous les dépenses d'une guerre que nous n'avons pas provoquée. L'autre, qui touche la chrétienté tout entière, embrasse l'abolition de l'esclavage, celle de la piraterie et celle des tributs que l'Europe paie encore à la Régence d'Alger... » Dans le cas où le gouvernement d'Alger viendrait à disparaître dans la lutte, le roi se concerterait avec ses alliés : « On rechercherait alors en commun quel serait l'ordre de choses nouveau qu'il serait convenable d'établir dans cette contrée, pour le plus grand avantage de la chrétienté... »

Le 3 juin, à une nouvelle insistance de l'Angleterre, le prince de Polignac répondit sèchement que les communications déjà faites par le roi « ne demandaient aucun développement ».

En réalité, le gouvernement de Charles X n'avait aucune idée de ce qu'il ferait après avoir pris Alger [1].

En France, l'opportunité d'une expédition contre la Régence était loin d'être admise par tout le monde :

« A peine la résolution prise par le gouvernement fut-elle connue du public que les journaux, qui jusqu'alors s'étaient plaints de la mollesse avec laquelle cette affaire avait été conduite, commencèrent à déclamer contre l'expédition qui se préparait. Ils s'en exagéraient les dangers à l'envi l'un de l'autre et en niaient la nécessité. Cette insigne mauvaise foi fait peu d'honneur aux publicistes de cette époque [2]. »

Le corps de débarquement, dont le général de Bourmont, ministre de la guerre, prit le commandement, fut réuni en Provence, au commencement d'avril 1830, et cantonné dans la région comprise entre Aix, Marseille et Toulon. Il comprenait trois divisions d'infanterie à l'effectif de 10 000 hommes, chacune constituée à trois brigades de deux régiments. Ces derniers étaient formés de deux bataillons à huit compagnies à l'effectif de quatre-vingt quatorze fusils. On éprouva des difficultés pour les compléter : il fallut rappeler les hommes en congé et coupler des bataillons appartenant à quatre régiments pour former deux régiments de marche d'infanterie légère.

La cavalerie ne comprenait qu'un régiment de marche de 500 chevaux tirés des 13e et 17e chasseurs.

L'artillerie de campagne comportait 4 batteries de campagne

---

[1] De cette incertitude une lettre du ministre à notre ambassadeur à Vienne, le comte de Rayneval, écrite le 20 avril, donne un curieux témoignage. Il y est dit que les différentes solutions examinées jusqu'à ce jour sont :

1° Imposer au dey une indemnité de guerre de 50 millions et la cession de Bône ;

2° Laisser le gouvernement tel qu'il est, après avoir rasé les forts d'Alger et enlevé les canons ;

3° Combler le port après avoir détruit les fortifications du môle et de la ville ;

4° Reconduire les milices turques en Asie et établir, à la place du dey, un prince maure ou arabe avec un gouvernement national ;

5° Faire d'Alger un simple pachalik, à la nomination du sultan ;

6° Donner Alger à l'ordre de Malte ;

7° Garder Alger et coloniser la côte ;

8° Partager tout le pays entre les puissances méditerranéennes en donnant Bône à l'Autriche, Stora à la Sardaigne, Djidjelli à la Toscane, Bougie à Naples, Ténez au Portugal, Arzeu à l'Angleterre, Oran à l'Espagne ; la France gardant Alger.

[2] *Annales algériennes*, par le capitaine d'état-major Edmond PÉLISSIER, 1836, t. I.

et 1 de montagne; celle de siège, 10 batteries à pied, 1 compagnie d'ouvriers, 1 de pontonniers, 4 du train des parcs avec 82 bouches à feu. Sa force totale était de 2 268 hommes et 1 380 chevaux. Celle du génie de 1 260 hommes et 118 chevaux.

L'effectif total, officiers compris, était de 37 607 hommes dont 3 389 non combattants et 4 008 chevaux.

On emportait un matériel considérable, des fusées incendiaires, des fusils de rempart, des blockhaus à deux étages, des lances (pour en faire des chevaux de frise portatifs), des palissades et jusqu'à un aérostat dont on ne put faire usage. D'énormes approvisionnements furent embarqués, parmi lesquels des fours en tôle portatifs et un troupeau de mille bœufs.

La flotte, commandée par l'amiral Duperré, chez qui on eut à regretter une timidité qui le mit trop souvent en désaccord avec le commandant en chef, se composait de 100 navires de guerre et de 357 transports nolisés, dont 119 français et 238 étrangers.

L'embarquement des troupes, commencé le 11 mai, fut terminé le 18; mais le corps expéditionnaire dut languir, à bord, en rade de Toulon, les hommes entassés dans les entreponts et énervés par une pénible oisiveté, jusqu'au 25 mai, où fut donné le signal de l'appareillage.

Le 30 mai, l'escadre était en vue de la côte d'Afrique; mais, la mer étant devenue mauvaise, la flottille qui portait le convoi n'avait pu suivre. L'amiral, inquiet de sa dispersion, fit virer de bord et mettre le cap sur les Baléares. La flotte atteignit Majorque le 2 juin et resta au mouillage dans la rade, les troupes à bord, pour n'en repartir que le 11. C'est pendant ce séjour dans la baie de Palma qu'on apprit la perte de deux bricks de la marine royale, le *Silène* et l'*Aventure* qui, participant au blocus d'Alger, avaient été jetés à la côte près de Dellys, le 4 mai. Les équipages, à la merci des Kabyles, furent en partie massacrés ou réduits en esclavage.

Des 195 hommes qui en faisaient partie, 85 furent retrouvés vivants au bagne d'Alger[1]; les têtes des 110 autres étaient plantées sur les remparts.

Le 13 juin, l'escadre jeta l'ancre dans la baie de Sidi-Ferruch.

[1] Parmi eux se trouvait le lieutenant de vaisseau Bruat, mort amiral commandant en chef de la flotte, en Crimée, le 19 novembre 1855.

A minuit, les soldats descendirent sur les chalands et embarcations ; l'opération s'exécuta dans le plus grand ordre et le 14 juin, à 4 heures du matin, toute la flottille se dirigea, parfaitement alignée, vers la plage. Avant même que le signal eût été donné de prendre terre, les fantassins sautèrent dans la mer aux cris de : « Vive le Roi ! » et retrouvèrent leur entrain qu'une longue et déprimante traversée avait bien affaibli.

L'ennemi ne fit pas de défense sérieuse et nous perdîmes peu de monde. Les troupes s'établirent au bivouac. Mais, dans la nuit, un cheval échappé, galopant au travers de nos lignes où il renversa des faisceaux, amena une alerte et provoqua une fusillade prolongée ; nos soldats, croyant les Arabes au milieu d'eux, tiraient dans toutes les directions, sourds à la voix de leurs officiers qui eurent beaucoup de peine à faire cesser cette panique. Il y eut des morts et des blessés.

Les divisions restèrent, jusqu'au 19 juin, sur le terrain où elles avaient campé le 14, pour protéger le débarquement du matériel qui fut *déplorablement* entassé sur la plage[1]. Ces journées se passèrent en escarmouches d'avant-postes. Nos tirailleurs y prenaient tant de goût qu'ils refusaient de se laisser relever. Mais ils souffraient énormément de leur tenue : « Gêné dans ses mouvements par une giberne si incommode que l'homme place ses cartouches dans un mouchoir attaché autour de son corps, il faut avoir vu ce soldat fléchissant sous le poids d'un shako vacillant et d'un sac qu'on s'est plu à rendre plus lourd en le doublant sans utilité avec des planchettes ; incommodé par la forme de ses vêtements, le cou serré dans un col étroit et agrafé ; il faut avoir été témoin de toutes ces incommodités[2]... »

---

[1] Rapport de l'intendant en chef Denniée.

[2] Capitaine P. A. ALLUT, du 37ᵉ de ligne. « Notes journalières, juillet-août 1830 », publiées par le *Carnet de la Sabretache*, n° 111 (mars 1902).

Le soldat d'infanterie portait alors l'*habit ajusté*, à basques, et le pantalon collant, à *pont*, montant haut, tiré par des bretelles, sous l'habit recouvert par la double buffleterie, croisée sur la poitrine, supportant le sabre ou la baïonnette (les deux pour les hommes des compagnies d'élite et les gradés) et la giberne. Pour satisfaire au moindre besoin naturel il fallait écarter les buffleteries, déboutonner l'habit pour pouvoir détacher et rabattre le pont-levis du pantalon, fixé de chaque côté sur les hanches. Cette double opération, dit un témoin, exigeait dix minutes au minimum et souvent réclamait l'aide d'un camarade !

Il fallait aller chercher, au loin, l'eau nécessaire pour faire bouillir les marmites. Un grand nombre de soldats, ayant eu l'imprudence de s'aventurer jusqu'à un ruisseau, furent surpris et décapités. Depuis on n'envoya plus que des corvées en armes.

« Ces combats quotidiens, pendant lesquels on piétinait sur place, ne laissaient pas d'être meurtriers ; aussi le soldat avait-il perdu l'ardeur des premiers jours et commençait-il à se lasser de cette attitude défensive qui répugne au caractère et au tempérament français. Depuis la fausse alerte de la nuit du 14 au 15, les régiments restaient formés en carré pendant la nuit ; il y avait toujours une face du carré debout, celle-ci était relevée de deux heures en deux heures. L'ennemi, ne pouvant s'expliquer les motifs de notre inaction apparente, l'attribua à la crainte qu'il croyait nous inspirer. Il avait reçu des renforts surtout en infanterie et l'on s'aperçut qu'il construisait des batteries au centre de sa position ; une partie de la milice turque était arrivée d'Alger (¹). » « Le 19 juin à l'aube, la diane venait d'être battue, les soldats, encore à demi endormis et engourdis par la fraîcheur de la nuit, étaient rangés en arrière des faisceaux, leurs sacs à terre ; soudain les cris « Aux armes ! » se font entendre, des coups de feu sont tirés sur nos bivouacs, les balles sifflent ; les avant-postes du 37ᵉ, surpris, se replient en désordre, poursuivis par les Arabes, qui avaient franchi les épaulements des fossés que nous avions construits ; l'ennemi avait renversé les faisceaux de lances disposés sur le front du camp comme des chevaux de frise ; des nuées d'Arabes fondaient sur le camp en poussant des clameurs sauvages. Il n'y avait pas un moment à perdre ; en un clin d'œil nos postes sont ramenés en avant, les Arabes qui se ruaient sur nous sont arrêtés, puis chassés et repoussés vigoureusement ; c'est une mêlée, un véritable carnage... Le drapeau du 28ᵉ, entouré par les Arabes, allait tomber en leur pouvoir; quelques braves gens lui firent un rempart de leurs corps et dégagèrent le drapeau (²). »

A 2 heures de l'après-midi, l'ennemi, repoussé sur tous les

(¹) *Annales algériennes.*

(²) Capitaine ALLUT, *op. cit.*

points, avait été poursuivi jusqu'à Staouéli où son camp fut pillé et occupé par les deux premières divisions. Ses pertes s'élevaient à 600 hommes. Les trophées de la bataille de Staouéli étaient cinq canons et quatre mortiers, beaucoup de bétail et des chameaux. On fit très peu de prisonniers, les ennemis mettant tous leurs efforts à emporter leurs blessés et même leurs morts; « ils attachaient ceux-ci par les pieds et les traînaient ensuite, de toute la vitesse de leurs chevaux, loin du champ de bataille ([1]). »

Les Arabes, impressionnés par le résultat de la journée du 19, entrèrent en pourparlers. Certains cheiks se déclaraient prêts à abandonner les Turcs pour se rallier à nous. Ils consentirent à nous vendre quelques bœufs. Satisfait de ce résultat, le général de Bourmont se hâta d'annoncer à l'armée, par un ordre du jour, que nous n'avions plus sur le sol de la Régence d'autres ennemis que les Turcs. Il prescrivit aux troupes d'user des plus grands égards et de la plus scrupuleuse probité dans leurs transactions avec les indigènes qui allaient accourir à nous comme auprès de libérateurs. Une attaque générale, deux jours après la publication de cet ordre, lui donnait un cruel démenti.

Le 24 au matin nos lignes furent attaquées : les deux premières divisions étaient campées à Staouéli ; la troisième gardait le camp retranché de Sidi-Ferruch. Des troupes échelonnées entre ces deux points, distants de 8 kilomètres, surveillaient la construction d'une route carrossable. La 1re division prit immédiatement l'offensive. « Les trois escadrons de chasseurs débarqués de la veille et impatients de regagner le temps qu'ils avaient perdu, bien malgré eux, pendant que les vents contraires les retenaient en mer, firent une impétueuse charge en ligne... Les Arabes n'attendirent pas le choc ([2]). » On cessa la poursuite à une lieue d'Alger et les deux divisions s'établirent à Sidi-Abderraman bou Nega, du 25 au 28 juin. « Ces quatre journées ne furent qu'un continuel combat de tirailleurs qui commençait au lever du soleil et ne finissait qu'à son coucher ; les compagnies que l'on disposait en tirailleurs étaient relevées toutes les trois ou quatre

---

([1]) *Annales algériennes.*
([2]) Capitaine ALLUT, *op. cit.*

heures. Comme elles appartenaient aux divers régiments de la division, il n'y eut point toujours dans leurs mouvements l'unité d'action convenable... Le 28, deux compagnies du 35e de ligne, emportées par leur ardeur, gravirent, presque jusqu'au sommet, des hauteurs occupées par l'ennemi, en tuant ou dispersant tout ce qui se présentait devant elles; mais elles perdirent beaucoup de monde en revenant et ne purent enlever leurs blessés, qui furent décollés. Le même jour, les Arabes tombèrent à l'improviste sur un bataillon du 4e léger qui eut 150 hommes sabrés. Ce bataillon, par la coupable imprudence de son chef, était occupé à nettoyer ses armes, de sorte qu'ayant tous ses fusils démontés, il ne put opposer aucune résistance. Les troupes qui étaient dans le voisinage vinrent à son secours et repoussèrent facilement l'ennemi([1]). »

Enfin, le débarquement du matériel étant terminé, rien ne s'opposait plus à l'investissement d'Alger. Le 28 au soir, l'armée française était réunie à Sidi-Abderraman bou Nega, à l'exception de deux brigades chargées de la garde des camps de Staouéli et de Sidi-Ferruch et des postes intermédiaires. La reconnaissance de la place fut faite, le 29, par le général Valazé; on ouvrit la tranchée, dès le 30, devant le fort L'Empereur. Six batteries, dont la construction était masquée par des haies, furent établies à l'insu de l'ennemi.

La journée du 29 juin avait été consacrée à la répartition des troupes sur les fronts ouest et sud. Les trois divisions levèrent le bivouac à 2 heures du matin; mais, par la faute du général Desprez, chef de l'état-major, des modifications furent apportées à l'ordre de marche, en cours d'exécution. Il en résulta d'abord du désordre; un contre-ordre, donné en vue de réparer cette première faute, la rendit beaucoup plus grave. « Sur les flancs escarpés de ces étroits vallons, couverts de broussailles, entrecoupés de haies, il n'y avait aucun chemin tracé; à peine quelque sentier perdu qu'il fallait découvrir. C'était dans ce chaos que se traînaient les soldats de la 3e division, épuisés, haletants, mourants de soif, quand ils rencontrèrent ceux de la division Lo-

---

([1]) *Annales algériennes.*

verdo (2ᵉ) marchant en sens inverse. Alors ce fut un désordre, une confusion sans pareils. Quand le général de Loverdo, averti, essaya de rallier ses troupes et de les ramener vers leurs positions du matin, elles étaient si dispersées, éparpillées, confondues avec celles du duc des Cars (3ᵉ division) que plusieurs heures se passèrent avant que l'inextricable mêlée fût éclaircie et que les noyaux de quelques régiments pussent être rendus à leurs postes. Beaucoup de sacs et d'armes avaient été abandonnés, et bien des soldats, hors d'état de marcher davantage, ne rejoignirent que pendant la nuit. Si, d'un côté, la division Berthezène (1ʳᵉ), de l'autre le bataillon du 49ᵉ n'avaient attiré l'attention et le feu des Turcs, l'armée française, surprise dans cet affreux désordre, eût payé peut-être par un grand désastre ses premiers succès. Au témoignage des troupes, cette journée fut la plus pénible de toute la campagne[1]. »

Le 4 juillet, toutes les batteries commencèrent le feu à la fois, à 3ʰ 45 du matin, sur les fronts ouest et sud de la place. Les Turcs répondirent d'abord avec vigueur, mais, à 8 heures, le feu de la défense du fort L'Empereur se ralentit. A 10 heures, il cessait complètement et, peu après, une formidable explosion annonçait que, désespérant de le défendre plus longtemps, la garnison s'était retirée en mettant le feu aux poudres. La place capitula le 5 juillet.

Au cours de l'investissement d'Alger par nos troupes, l'attitude « inamicale » des agents de l'Angleterre à notre égard ne se démentit pas. Tous les consuls étaient sortis de la ville et avaient pris gîte dans une maison de campagne appartenant au représentant des États-Unis, sous la garde d'une compagnie du 14ᵉ de ligne. Seul, le consul de la Grande-Bretagne était resté à Alger. Au moment de la capitulation, il accompagna les négociateurs envoyés par le dey et offrit sa médiation, qui fut d'ailleurs poliment, mais fermement refusée.

A en juger par les journaux de Londres et par l'attitude jalouse, défiante, hostile même, des agents consulaires anglais à Alger, à Oran, à Tunis, au Maroc, il est permis de croire que le sentiment

---

[1] Camille ROUSSET, *La Conquête d'Alger*. Paris, 1880.

du gouvernement de la Grande-Bretagne devait être, après comme avant la prise d'Alger, aussi mauvais, sinon pire. Ses prétentions se formulaient de plus en plus menaçantes : « Jamais, disait lord Aberdeen, le 25 juillet, à notre ambassadeur à Londres, jamais, ni sous la République ni sous l'Empire, la France n'a donné à l'Angleterre des sujets de plainte aussi graves... » A quoi le duc de Laval répondit fièrement : « J'ignore ce que vous pouvez espérer de la générosité de la France ; mais ce que je sais, c'est que vous n'obtiendrez rien d'elle par la menace. »

A Paris, où la nouvelle de la prise d'Alger fut connue le 9 juillet, l'opposition accueillit avec une froideur malveillante le succès de l'expédition qu'elle avait blâmée dès le début.

Nos pertes, depuis le débarquement, s'élevaient à 2 407 hommes dont 500 tués. A la date du 15 juillet, après un mois de campagne, l'armée était réduite d'un tiers et comptait plus de 10 000 malades, atteints principalement de dysenterie (¹).

Cependant, la prise d'Alger ne devait pas, de longtemps, assurer la sécurité de l'armée. Le général en chef, s'étant porté sur Blida, pour répondre à l'invitation du bey de Tittery, le 24 juillet, à la tête de 2 000 hommes, fut bien accueilli dans la ville, mais dut se retirer, le lendemain, devant des nuées de Kabyles descendus des montagnes. La retraite du détachement, serré de près, fut parfois compromise ; il perdit 58 hommes dont 15 tués, parmi lesquels le chef d'escadron d'état-major de Trélan, premier aide de camp du commandant en chef. Le 24 août, le colonel de Frescheville, du 1er régiment de marche, et son officier payeur furent décapités, à 500 mètres d'Alger, entre deux grand'gardes.

Des communications, antérieures à la prise d'Alger, indiquaient au général en chef que le gouvernement paraissait incliner à céder la régence d'Alger à la Porte, en ne conservant à la France que la côte, depuis l'Harrach jusqu'à Tabarka. L'occupation de Bône, répondant à cette intention, fut résolue et le général de Damrémont en fut chargé avec sa brigade, qui, embarquée à Alger le 25 juillet, ne prit terre à Bône que le 2 août, en raison du gros temps. La ville, où nous avions des partisans, fut occupée sans résistance

---

(¹) Général BARDIN. Les blessés étaient évacués et transportés à Port-Mahon.

et nos troupes y furent bien accueillies. Mais les tribus voisines vinrent harceler les avant-postes. Le général prit l'offensive et dispersa les assaillants. Ils revinrent le 8 et le 10 août, livrèrent, le 11, deux assauts furieux et furent énergiquement repoussés. Ils laissaient 85 cadavres à l'intérieur des parapets. Cette chaude attaque fut la dernière et le général de Damrémont allait pouvoir organiser sa conquête quand il fut rappelé, le 25 août, en raison des événements survenus à Paris.

D'autre part, le bey d'Oran, Hussein, avait fait des offres de soumission qui ne pouvaient être repoussées, quelles que fussent les vues ultérieures du gouvernement sur cette province. Le capitaine de Bourmont, fils et aide de camp du maréchal (¹), fut envoyé à Oran pour recevoir le serment du bey. Pendant les pourparlers, le commandant du vaisseau qui l'avait amené prit sur lui de mettre à terre une centaine de marins et occupa le fort de Mers-el-Kébir, sans que la garnison turque s'y opposât. Le maréchal, dès qu'il en fut informé, envoya à Oran le 21ᵉ de ligne, une section de montagne et 50 sapeurs du génie. L'expédition mit à la voile le 6 août, mais, à peine débarquée, fut rappelée, en même temps que celle de Bône. Cette double évacuation porta le coup le plus désastreux à notre prestige et à notre considération. L'effet moral produit par la prise d'Alger fut perdu et l'insolence des Arabes fut encore augmentée par l'inaction du maréchal, dès qu'il connut le résultat de la révolution de juillet (²). C'est ainsi que les vainqueurs d'Alger, resserrés autour de la place, se trouvaient bloqués par les Arabes de la Mitidja.

Le général Clausel, successeur du maréchal de Bourmont, révoqué par le nouveau gouvernement, débarquait à Alger le 2 septembre avec son chef d'état-major, le général Delort. Tous deux avaient quitté l'activité depuis 1815.

Pour se donner de l'air, le général Clausel résolut de s'emparer

---

(¹) Promu le 15 juillet, le général en chef avait appris sa nomination à son retour de Blida, le 25 juillet.

(²) Le 12 août, ayant convoqué un conseil de guerre, le maréchal proposait de laisser une division à la garde d'Alger et de s'embarquer avec le reste de l'armée pour se mettre à la disposition du roi. Mais il fallait l'assentiment de la marine, et l'amiral Duperré (qui avait refusé de se rendre au conseil) fit connaître qu'il avait envoyé son adhésion au gouvernement provisoire.

de Medeah, chef-lieu de la province de Tittery, dont le bey, Bou-Mesrag, ralliait tous les mécontents ; il marcha contre lui, le 17 novembre, à la tête de la division Boyer, forte de 3 000 combattants, occupa Blida, dont la prise ne coûta que 30 hommes, le 18, atteignit le col de Mouzaïa le 21, après un combat qui nous en fit perdre 220, et entra le lendemain à Medeah, dont le bey lui ouvrit les portes sans résistance. Le général Clausel repartit le 26 pour Alger. En arrivant à Blida, il y apprit qu'un détachement de 50 canonniers (¹), envoyés par lui de Mouzaïa à Alger, malgré l'avis des chefs de service, pour en ramener un convoi de munitions, avait été massacré à Bouffarick. L'expédition de Medeah fut la seule tentative faite pour élargir notre zone d'occupation.

Le 20 février 1831, le général Clausel était remplacé par le général Berthezène. Le bey, qui avait accepté notre investiture à Medeah, s'y trouvant bloqué par les dissidents, le général partit d'Alger, le 25 juin, à la tête de deux brigades et entra à Medeah, le 29, sans avoir rencontré de résistance. Il en repartit le 2 juillet, laissant aux habitants deux canons et des munitions pour assurer la défense de leur ville. Les tribus arabes avaient fait le vide devant nous ; pour les punir, leurs récoltes avaient été brûlées et leurs arbres coupés. Le départ de la colonne eut lieu à 4 heures du soir ; le général Berthezène la fit arrêter, à la chute du jour, à Zeboudj-Azarah et, peu après, désirant profiter de l'obscurité pour gagner le col de Mouzaïa sans combat, il fit lever le bivouac. La retraite avait lieu dans un terrain mouvementé et par des chemins à peine tracés ; aucune précaution ne fut prise pour protéger la marche en faisant occuper les crêtes qui dominaient la piste suivie. Les Kabyles en profitèrent et, se portant sur les flancs de la colonne, l'accompagnèrent en faisant sur elle un feu plongeant. Un bataillon du 20ᵉ de ligne formait l'arrière-garde : vivement pressé, ayant eu son commandant blessé et un

---

(¹) Ce détachement était commandé par le capitaine d'artillerie Esnault. Il avait été escorté jusqu'à Blida par trois compagnies du 21ᵉ de ligne. Le commandant de l'infanterie, voyant un grand nombre de cavaliers arabes dans la plaine, poursuivit sa marche plus loin que Blida, qu'il ne devait pas dépasser. Il dut cependant s'arrêter pour ne pas outrepasser ses ordres et engagea vivement le capitaine Esnault à rétrograder. Celui-ci refusa et prit le trot avec ses canonniers. On retrouva leurs cadavres près du marabout de Sidi-Haïl, trois jours après.

capitaine tué, le désordre se mit dans la troupe, qui se replia précipitamment. L'arrivée des fuyards détermine une panique qui se propage dans la colonne, et bientôt toutes les unités confondues cherchent à gagner la ferme de Mouzaïa. Dans ce moment critique, le commandant Duvivier, à la tête de son bataillon de zouaves (récemment formé), et le capitaine de Lamoricière, avec les *Parisiens* du 67ᵉ (¹), se déploient en travers du chemin, la gauche appuyée à la crête, et arrêtent la poursuite des Kabyles. La colonne ayant gagné du terrain, Duvivier, livré à lui-même, sans échelons de soutien, put néanmoins opérer sa retraite, par groupes successifs, en faisant tête aux Kabyles par des retours offensifs énergiques chaque fois que la fraction de queue était serrée de trop près. Il trouva, en chemin, une pièce d'artillerie abandonnée, auprès de laquelle était resté, seul, le commandant Camain. On la ramena, et le bataillon parvint à la ferme de Mouzaïa où le général Berthezène ralliait sa colonne. Elle avait perdu 129 tués et 270 blessés, et échappé à un désastre grâce à l'initiative du commandant Duvivier. Le lendemain, peu s'en fallut qu'elle n'en trouvât un second. En arrivant à la Chiffa, il y eut de nouveaux désordres ; les soldats, qui depuis le matin souffraient de la soif, se précipitèrent, pêle-mêle, vers la rivière, pour se désaltérer. Si les Arabes ne s'étaient portés sur une fausse piste, dans le but de devancer la colonne dans les gorges de la Chiffa, afin de lui disputer le passage, elle courait le risque d'être anéantie.

Au mois de septembre 1831, le général Berthezène résolut de faire réoccuper Bône. Il y envoya le commandant du génie Houder, avec 125 zouaves commandés par le capitaine Bigot. Ce faible détachement, embarqué sur la corvette *la Créole,* aborda le 14 septembre, fut bien accueilli par les habitants et prit possession de la kasba. Mais, rendu trop confiant par leur attitude, il se gardait comme en garnison et ne prit aucune disposition défensive. Un ancien bey de Constantine, qui se disait notre partisan,

---

(¹) Anciens *volontaires de la Charte,* formés de combattants de juillet et d'ouvriers sans travail dont le gouvernement s'était débarrassé en les envoyant en Afrique. De ces éléments suspects, dont la plus grande partie dut être licenciée, on tira cependant quelques compagnies d'hommes résolus et hardis que des officiers énergiques et intelligents surent discipliner.

gagna la confiance du commandant Houder et en profita pour soudoyer nos zouaves indigènes et se rendre maître de la citadelle en l'absence des officiers et des gradés français, qui prenaient leur repas en ville. Ce bey, Ibrahim, fit alors fermer les portes de la kasba et annonça son triomphe par une salve d'artillerie. Les habitants de Bône s'entremirent pour ramener nos zouaves à leur devoir et promirent au commandant Houder de lui livrer Ibrahim, au moment où cet officier supérieur s'apprêtait à attaquer la kasba avec les marins de la corvette *la Créole* et du brick *Adonis* qui étaient dans le port. Deux jours se passèrent en négociations. Le 29, les Bônois, sous la menace d'une attaque des tribus voisines, invitèrent le commandant Houder à se rembarquer avec ce qui lui restait de son détachement. Il s'y décida et fit demander aux deux navires les canots nécessaires. Les dissidents se jetèrent sur les Français au moment de l'embarquement. Le capitaine Bigot fut tué; le commandant Houder, avec 5o hommes, put gagner le port, quoique blessé de deux coups de feu, se jeta à la nage et fut tué d'une balle à la tête au moment où il atteignait l'une des embarcations. Plusieurs Français eurent le même sort. Le lendemain, 3o septembre, arrivait à Bône le commandant Duvivier avec 25o zouaves amenés par deux bricks, *le Cygne* et *le Voltigeur*. Duvivier voulait attaquer immédiatement la kasba avec le concours des marins, mais les commandants des navires s'y refusèrent. La présence de ces forces eut néanmoins pour effet de faire rendre un officier et trente zouaves prisonniers, et le détachement rentra à Alger le 31 octobre.

Le général Savary, duc de Rovigo, remplaça, le 6 décembre 1831, le général Berthezène, dont le rôle a été sévèrement, mais très justement jugé par Camille Rousset :

« Enfermée dans ses lignes, plus que décimée par la fièvre qui faisait entrer 5o hommes par jour aux hôpitaux, l'armée n'avait pas dans son chef la confiance qui rehausse les cœurs. Depuis Medeah, le commandement n'avait eu ni vigueur ni décision. Le soldat ne se sentait pas conduit, l'officier se négligeait; de là le désordre, l'indiscipline, le découragement, la défaillance [1]. »

---

[1] *Les Commencements d'une conquête*, t. I. Paris, Plon, 1885.

D'ailleurs, l'opinion du général Berthezène, ouvertement opposée à tout système d'occupation définitive, explique l'inaction dans laquelle il resta jusqu'à son remplacement.

Le séjour du duc de Rovigo, quoique d'une durée plus longue que le temps de commandement accordé à ses prédécesseurs, ne fut que de quinze mois (décembre 1831-mars 1833).

Oran avait été réoccupé par ordre du général Clausel, le 12 décembre 1830. Il y avait envoyé un détachement de toutes armes commandé par le général de Damrémont, qui n'avait éprouvé aucune résistance. Le gouvernement, tout en blâmant le général Clausel, n'avait pas osé en retirer la garnison, qui, sous son successeur, était passée sous les ordres du général Boyer.

Le seul événement heureux à l'actif du duc de Rovigo fut la reprise de Bône, due à un coup de main audacieux du capitaine d'artillerie d'Armandy, du capitaine de spahis Yusuf et de l'enseigne de vaisseau de Cornulier-Lucinière, qui, avec vingt-six matelots, s'emparèrent de la kasba gardée par les Turcs d'Ibrahim, parmi lesquels Yusuf s'était gagné des partisans. Le 26 mars 1832, le drapeau français flottait sur la citadelle ; le 12 mai, arrivaient d'Alger un bataillon du 4ᵉ de ligne et 40 artilleurs, et deux mois plus tard une brigade mixte d'occupation, commandée par le général d'Uzer, envoyée directement de Toulon.

Aux environs d'Alger, notre occupation était toujours précaire et le commandement ne songeait qu'à protéger la zone rapprochée de l'enceinte, en élevant des ouvrages de campagne et des blockhaus, pour arrêter les incursions des Arabes.

Le 23 mai 1832, le duc de Rovigo, voulant établir un camp auprès de l'enclos dit de La Rassauta, pour faire travailler la troupe à la récolte des foins, le chef de bataillon Salomon de Musis, de la légion étrangère, qui commandait à La Maison-Carrée, reçut ordre de faire une reconnaissance sur ce point. Il partit de très grand matin avec un peloton du 1ᵉʳ chasseurs d'Afrique et 27 hommes de son bataillon sous les ordres du lieutenant Cham. « Arrivé près du marabout de Sidi-Mohamed-Tittery, le commandant y laissa l'infanterie et continua sa route sur la Rassauta avec les chasseurs. Après avoir parcouru une demi-lieue, il aperçut dans les broussailles des cavaliers arabes qui avaient mis pied à terre et paraissaient en embuscade. A cette vue, le commandant fit volte-face avec son escorte et tous retournèrent au grand galop dans la direction du détachement d'infanterie, qui attendait sous les armes. Le chef de bataillon dit au lieutenant Cham, en passant sans ralentir l'allure : « Nous sommes poursuivis par un parti de « 1 500 cavaliers ; tâchez de tenir un moment, je vais à La Maison- « Carrée chercher du renfort ! » Et il continua sa course, suivi de tous les cavaliers, à l'exception du trompette ; celui-ci, disant qu'il voulait partager le sort des camarades de la légion, mit pied à terre et offrit son cheval au lieutenant Cham, qui refusa de quitter sa troupe. Celle-ci, démoralisée par le départ du commandant et l'abandon de la cavalerie, ainsi que par l'annonce faite à haute voix de l'arrivée d'un ennemi en nombre si supérieur, se débanda pour gagner des taillis situés à quelques centaines de mètres du marabout, au lieu d'obéir au lieutenant qui ordonnait aux hommes de s'y masser, car ils auraient pu y tenir, en ménageant leurs cartouches, jusqu'à l'arrivée du renfort. Ils furent tous tués, à l'exception d'un seul qui put apporter les détails de cette malheureuse affaire. Une compagnie envoyée de La Maison-Carrée à leur secours trouva sur le terrain du combat les cadavres du lieutenant et des soldats nus et horriblement mutilés ([1]). »

Le duc de Rovigo, rentré en France en mars 1833, fut remplacé *par intérim* par le général Avisard, puis, à titre provisoire, par le général Voirol, le 24 avril, et définitivement par le général Drouet d'Erlon, qui reçut le titre de gouverneur des possessions françaises dans le Nord de l'Afrique, le 22 septembre 1834.

Notre occupation s'était étendue à Bougie, qu'un détachement de 1 800 hommes, aux ordres du général Trézel, avait prise après cinq jours de combat le 12 octobre 1833. Cette expédition, amenée directement de Toulon par sept navires de guerre et huit bâtiments nolisés, ne comprenait que des troupes sans expérience de la guerre d'Afrique. Le 59ᵉ de ligne prit possession de deux forts évacués après un bombardement de nos navires embossés à

([1]) *Histoire de l'ancienne légion étrangère*, de 1831 à 1838, par le général BER-NELLE, 1850. — Le commandant Salomon de Musis, capitaine au corps d'état-major du 13 décembre 1826, démissionnaire en 1830, avait été replacé comme chef de bataillon à la légion étrangère, en 1831 ; il fut tué à Bougie le 5 août 1836.

courte distance. Mais les Kabyles défendirent énergiquement la ville haute où ils s'étaient retranchés. L'infanterie ne put les déloger, la flotte dut mettre ses équipages à terre pour la soutenir. Des attaques, renouvelées deux jours de suite, échouèrent et il fallut demander des renforts à Alger. Ils arrivèrent le 12 octobre, les Kabyles se retirèrent et l'occupation ne fut définitivement établie que le 12 octobre. Nous avions perdu 22 tués et 65 blessés.

A Oran, le général Desmichels avait conclu un traité avec Abd-el-Kader, fils de Mahi-ed-Dine, marabout renommé de la région dont Mascara est le centre. Mahi-ed-Dine avait proclamé la guerre sainte et fait reconnaître Abd-el-Kader comme chef militaire. Celui-ci, âgé de vingt-quatre ans (1832), d'une intelligence remarquable, éloquent, instruit pour un Arabe — il avait fait deux voyages à La Mecque et parcouru la Turquie jusqu'à Bagdad, — ajoutait à ces qualités le prestige de sa bravoure et de ses talents équestres. Faisant la petite guerre à nos troupes depuis deux ans, il avait razzié les tribus qui, aux environs d'Oran, acceptaient la domination française et, bien qu'il n'eût pas eu de rencontre sérieuse avec nos troupes, il était entré en rapports avec leurs chefs et s'en était fait estimer, notamment en rendant des prisonniers français enlevés par les Arabes à diverses occasions. Le général Desmichels avait conçu l'idée d'investir Abd-el-Kader du titre de bey et de l'autorité sur un certain nombre de tribus, sous condition de reconnaître la souveraineté de la France. Un projet de traité adressé directement au ministre de la guerre par le général Desmichels reçut l'approbation royale. Cet *Acte du 26 février 1834* consacrait la puissance d'Abd-el-Kader et lui permettait de se préparer à la guerre en s'approvisionnant chez nous d'armes et de munitions. Dès le mois de juin 1835 elle éclatait et le général Trézel quittait Oran le 23 avec une colonne forte de 2 500 hommes (un bataillon du 66ᵉ, le bataillon d'Afrique, un bataillon et demi de la légion étrangère, le 2ᵉ régiment de chasseurs d'Afrique, une batterie et un convoi de vingt voitures) pour protéger les Douairs et les Smelas, nos alliés, menacés par Abd-el-Kader qui les réclamait comme ses sujets. « Notre religion, écrivait-il au général le 21, me défend de permettre qu'un musulman soit sous la puissance d'un chrétien. Vois donc ce qu'il te conviendra de faire ; autrement c'est Dieu qui décidera. »

Le 26 juin, le général Trézel se portait sur le Sig à 4 heures du matin. L'avant-garde, commandée par le colonel Oudinot, des chasseurs d'Afrique, comprenait deux escadrons de son régiment, trois compagnies de la légion et deux obusiers de montagne. Le convoi suivait, flanqué, à droite par le bataillon du 66ᵉ et un escadron, à gauche par le bataillon de la légion et un escadron. L'arrière-garde, commandée par le lieutenant-colonel de Beaufort, était formée du bataillon d'Afrique, de deux obusiers et d'un escadron. Cet ordre de marche avait l'inconvénient de trop morceler la cavalerie et de ne pas présenter, en tête, une force d'infanterie suffisante.

A 7 heures, la colonne s'engagea dans le bois de Mouley-Ismael, taillis assez épais sur un sol raviné. A 8 heures, l'avant-garde, assaillie inopinément par des forces supérieures, plia après avoir subi des pertes sérieuses. Le bataillon du 66ᵉ, que les difficultés de la marche avaient séparé du gros, attaqué à son tour, rétrograda. A la gauche, le bataillon de la légion, en meilleur terrain, put se maintenir quelque temps ; mais le colonel Oudinot ayant été tué pendant qu'il cherchait à rallier l'avant-garde, ce bataillon se replia de même. Le convoi découvert fit alors demi-tour (à l'exception des voitures de l'artillerie et du génie). Le général Trézel, courant alors au bataillon d'Afrique d'arrière-garde, le porta vigoureusement en avant ; les deux ailes reprirent l'offensive et l'ennemi ramené céda le terrain et disparut bientôt. Nous avions 52 tués et 180 blessés. On dut, pour transporter ces derniers, décharger les voitures en jetant le campement et des vivres. Pendant cet arrêt (vers midi) un certain nombre de soldats, sous l'influence des émotions du combat, de la soif et de la fatigue, pillèrent les voitures des cantinières et s'enivrèrent. Le soir, on établit le bivouac sur les bords du Sig.

Abd-el-Kader, qui avait éprouvé de grandes pertes, s'était arrêté à 2 lieues en amont. Le général Trézel, d'abord résolu à l'attaquer, y renonça par crainte d'augmenter le nombre des blessés, dont il était déjà fort embarrassé ; il laissa donc les troupes au repos le lendemain 27 et se mit en retraite, sur Arzeu, le 28, au point du jour.

On marcha, comme précédemment, en carré, le convoi au centre, chaque face protégée par des tirailleurs. Le nombre des cavaliers arabes qui suivaient l'arrière-garde augmentant progressivement, le carré fut bientôt entouré en raison de la lenteur inhérente à cette formation. La fusillade était assez vive dès 7 heures du matin, mais l'ordre ne cessa d'être maintenu jusqu'à midi. En arrivant à la limite de la plaine, au nord, il fallut défiler au pied des hauteurs des Hamiane à l'ouest, en longeant, à l'est, le marais formé par la jonction de l'Habra et du Sig qui réunis forment la Macta. Le convoi, démesurément allongé sur une seule file, essuyait le feu des Arabes postés sur les hauteurs de gauche ; se jetant à droite, où il était couvert par le marais, il s'y embourba. Le bataillon de la légion reçut l'ordre d'occuper les hauteurs. Son commandant y lança une compagnie qui fut repoussée, puis une seconde qui eut le même sort, ainsi que tout le bataillon engagé successivement par petits paquets. Le nombre de ses adversaires augmentant toujours, il se replia, mis en désordre par la déclivité des pentes, et découvrit le convoi ; ses compagnies très dispersées rallièrent les unes la tête de colonne, les autres l'arrière-garde. Alors les Arabes descendus des hauteurs se jetèrent sur les voitures, dont les conducteurs s'enfuirent après avoir coupé les traits. Une seule fut sauvée, avec les vingt blessés qu'elle contenait, grâce à l'énergie du maréchal des logis Fournié, qui, sous la menace de leur brûler la cervelle, força les conducteurs à faire leur devoir (¹). Le général Trézel, prenant un escadron de chasseurs d'Afrique, charge à sa tête et dégage le convoi. Mais pendant ce temps l'arrière-garde, formée par le bataillon du 66ᵉ et depuis longtemps aux prises avec l'ennemi, faiblissait. Le commandant de Maussion, chef d'état-major, s'y était porté, son cheval venait d'être tué ; les trois compagnies qu'il avait sous la main « s'envolèrent, dit-il, comme une volée de perdreaux. D'un côté on entend les cris des blessés que les Arabes achèvent

---

(¹) Les voitures de l'artillerie et du génie, mieux attelées et encadrées, furent également sauvées.

et mutilent, de l'autre les appels désespérés des fuyards qui s'enlisent et se noient. » L'arrière-garde n'était plus composée que de quelques braves (¹), isolés de tous les corps, qui, groupés sur un mamelon, cherchaient à vendre chèrement leur vie. Deux obusiers servis par le capitaine Allaud et le lieutenant Pastoret tiraient à mitraille par-dessus leurs têtes. Le capitaine Bernard, du 2ᵉ chasseurs d'Afrique, avec quarante cavaliers, chargea avec tant de vigueur qu'il put refouler les Arabes. D'ailleurs, chez eux aussi, le nombre des combattants avait diminué, la plupart étant occupés à couper des têtes, à piller le convoi et à mettre leur butin à l'abri. La colonne atteignit Arzeu à la nuit, après dix-sept heures de marche et quatorze de combat. Elle avait laissé 285 hommes morts ou blessés aux mains de l'ennemi, ainsi qu'un obusier, et ramenait 308 blessés.

Le désastre de la Macta détermina le rappel du général Drouet d'Erlon remplacé, le 8 juillet 1835, par le maréchal Clausel.

Le gouvernement venait de retirer d'Afrique la légion étrangère (6 000 hommes), cédée à l'Espagne pour y combattre les carlistes. Le vide causé par son départ, dans le corps d'occupation, fut comblé par l'envoi de quatre régiments de ligne.

Le 26 novembre, le maréchal Clausel entreprit l'expédition contre Mascara, siège de la puissance d'Abd-el-Kader, avec 12 000 hommes répartis en cinq brigades. L'émir, dont les attaques furent repoussées, abandonna sa capitale et se retira à Tagdemt. Nos troupes séjournèrent à Mascara pendant quarante-huit heures mais en repartirent, faute de vivres, le 9 décembre, et firent péniblement leur retraite sous la pluie et par des chemins défoncés, n'ayant pour subsister que quelques poignées d'orge et la viande arrachée aux cadavres de chevaux et de chameaux dont la route était jalonnée. Elles n'avaient eu que 200 hommes hors de combat, mais la fatigue, l'humidité et la dysenterie peuplèrent, au retour, les hôpitaux de nombreux malades. Ceux qui avaient pris part à cette expédition la qualifièrent irrévérencieusement de *mascarade*.

____

(¹) La seule fraction régulièrement constituée qui ait protégé la retraite semble avoir été formée des sapeurs du génie du capitaine Jacquin.

Le 8 janvier 1836, le maréchal partit d'Oran, à la tête de 7 000 hommes, pour occuper Tlemcen, où il entra le 13, sans combat. Il en repartit le 25, y laissant une brigade commandée par le général Perrégaux. Attaquée le 26 et le 27, au passage de l'Isser, par Abd-el-Kader, la colonne du maréchal, un moment compromise, fut sauvée par l'arrivée du général Perrégaux, venu à son secours de Tlemcen, où elle retourna. Elle en repartit le 7 février et rentra le 12 à Oran « sans avoir été utile à la considération de l'autorité française » (¹).

Le général d'Arlanges, qui commandait à Oran, se porta, le 6 avril, sur la Tafna avec une colonne de 3 200 hommes pour protéger l'établissement d'un camp retranché. Le 24, le général marchait sur Sidi-Yacoub ; menacé d'être entouré, il se mit en retraite. Serré de près, il fut blessé dans un retour offensif. L'artillerie ayant épuisé ses munitions, la cavalerie put heureusement dégager la colonne qui atteignit la tête de pont du camp ayant perdu 340 hommes. Le combat de Sidi-Yacoub produisit l'effet d'une seconde Macta. C'est alors que le général Bugeaud fut envoyé de France pour commander à Oran. Une lettre du chef d'état-major, le lieutenant-colonel de Maussion, nous le dépeint ainsi :

« Il a de la vigueur et de l'impérieux, ce qui est bien important ici où la douceur du général d'Arlanges et l'indifférence du maréchal Clauzel, pour tout ce qui ne le touche pas personnellement, ont laissé germer bien de l'indiscipline dans les hauts grades. Le général Bugeaud est d'ailleurs assez appuyé pour nous débarrasser de quelques officiers supérieurs dont la pusillanimité entrave et décourage tous les soldats... »

La première entreprise de Bugeaud fut de débloquer Tlemcen où notre garnison, réduite à un bataillon commandé par le capitaine Cavaignac, était depuis quatre mois bloquée par Abd-el-Kader. Il partit du camp de la Tafna, le 11 juin 1836, avec dix bataillons formant un total de 5 500 baïonnettes et 800 chevaux. La chaleur était forte ; l'infanterie venue de France était harassée.

____

(¹) *Campagnes de l'armée d'Afrique,* par le duc D'ORLÉANS, publié par ses fils. Paris, 1870. Michel Lévy.

Bugeaud, dans un rapport au ministre, écrivait : « Il faut pour commander les régiments, les bataillons et les escadrons, en Afrique, des hommes vigoureusement trempés au physique et au moral. Les colonels et les chefs de bataillon un peu âgés, chez qui la vigueur d'esprit et de cœur ne soutient pas les forces physiques, devraient être rappelés en France ; leur présence ici est plus nuisible qu'utile... Ce sont les demi-moyens qui ruinent. Il faut être forts ou s'en aller. Surtout il faut n'envoyer que des soldats robustes, car tous les faibles périssent, et que ces soldats soient commandés par des officiers jeunes et énergiques. Les régiments qui sont depuis deux ou trois ans dans ce pays commencent à être bons, mais aussi leur effectif est bien réduit : le 17ᵉ léger en est là ; entré il y a sept mois en Afrique avec 1 600 hommes, il n'en a pas 900 dans le rang, mais ces 900 sont bons. Les trois beaux régiments que j'ai amenés deviendront bons aussi, mais ce ne sera qu'après avoir perdu 200 ou 300 hommes faibles au physique et au moral. Il faut convenir que l'apprentissage coûte un peu cher. » Le chef d'état-major écrivait de son côté : « Nos affaires sont en assez bon train, malgré la triste composition de notre colonne de conscrits commandés par des pleureurs. En faisant de 3 à 5 lieues par jour, nous avons toujours en arrière un cinquième de notre monde. »

Bugeaud, quelques jours plus tard, donnait au ministre de nouvelles précisions : « J'arrive à Tlemcen après cinq jours de marche ; j'ai fait des haltes fréquentes ; partout où il y avait de l'eau je restais deux heures ou je couchais, et malgré cela, à deux jours d'Oran, j'ai dû renvoyer près de 300 hommes qui ne pouvaient plus marcher. Depuis, mes cacolets et mes chameaux se sont encore couverts d'officiers et de soldats. Les nouveaux régiments sont détestables pour faire cette guerre ; le 24ᵉ a été celui dont j'ai été le plus mécontent. Il a été très démoralisé ; c'était presque du désespoir ; quatre hommes se sont suicidés... Cette maladie venait d'en haut. J'ai réuni les officiers, je les ai harangués en présence des soldats, j'ai discuté leurs plaintes à haute voix, je leur ai prouvé qu'aucune n'était fondée... Le lieutenant-colonel a eu la maladresse de me reprocher les fatigues de la journée du 12, qui était un jour de combat. Il me faisait beau jeu... Si pareille chose se renouvelait, j'ôterais le commandement aux deux chefs supérieurs et je le leur ai dit à huis clos (¹). »

Après avoir ravitaillé Tlemcen et amorcé Abd-el-Kader en faisant des marches et contremarches par lesquelles il semblait vouloir l'éviter, Bugeaud se laissa attaquer par toutes les forces réunies de l'émir et le battit complètement le 6 juillet au passage de la Sikak. En portant à Abd-el-Kader la plus rude atteinte qu'il eût jamais reçue, cette bataille, qui nous coûtait 32 tués et 70 blessés, avait anéanti les *réguliers* de l'émir, dont 130 furent sauvés du massacre par Bugeaud lui-même et faits prisonniers. La journée de la Sikak marquait, dans la série persistante de nos revers, un point d'arrêt, mais de trop courte durée.

A la fin de l'année 1836, le maréchal Clausel entreprit la conquête de Constantine sur des renseignements optimistes trop légèrement accueillis. Il partit le 13 novembre, de Bône, à la tête d'une colonne de 9 000 baïonnettes et 2 274 chevaux, et arriva, le 21, devant la place, ayant laissé une partie de son convoi sur les chemins transformés en fondrières. L'artillerie ne put entamer les remparts ; deux tentatives d'assaut échouèrent ; les attelages mouraient de fatigue et d'inanition, on manquait de vivres et de munitions, il fallut lever le siège.

On partit, le 25, en abandonnant le matériel du génie et de l'artillerie et deux pièces. La retraite fut désastreuse. Les voitures chargées de blessés ne purent suivre, en raison des difficultés du terrain et de l'épuisement des chevaux : elles furent la proie des Arabes acharnés à la poursuite. L'arrière-garde ne fut sauvée que grâce à l'énergie du commandant Changarnier du 2ᵉ léger et au dévouement de son bataillon réduit à 300 hommes. L'état moral de la colonne était tellement affaibli que le général de Rigny, commandant la brigade d'arrière-garde, dut être traduit devant un conseil de guerre pour avoir jeté le désordre dans la troupe par ses propos inconsidérés. Le maréchal Clausel rentrait

---

(¹) Le général Trézel écrivait après la Macta : « En général notre armée est bien affaiblie moralement ; il faut la débarrasser des vieux officiers qui ne veulent plus qu'attendre, le plus doucement possible, soit leurs trente années de service, soit les douze ans du grade de capitaine. Il nous faut ici des hommes d'une trempe ferme pour maintenir le soldat devant les têtes coupées et les corps tronçonnés par le yatagan. »

à Bône, le 1er décembre, ayant perdu plus de 700 hommes dont 11 officiers et 443 soldats tués. Les hôpitaux reçurent 176 blessés et 105 hommes atteints de congélation, sans compter les autres malades que le typhus portait bientôt au nombre de 3 000, l'armée exténuée par les fatigues et les privations se trouvant prédisposée à l'épidémie.

A la même époque (8 novembre), un parti de cavaliers hadjoutes ayant causé des désordres aux environs d'Alger, le général de Brossard, qui commandait à Boufarik, leur fit donner la chasse par un escadron de spahis qui tomba dans une embuscade et laissa 17 cadavres sur le terrain, dont ceux du capitaine commandant Lamorose et de deux officiers (1).

Le maréchal Clausel, rappelé le 11 janvier 1837, fut remplacé par le général de Damrémont, qui, à la tête de l'expédition chargée de venger notre échec, emporta Constantine après un assaut mémorable, le 12 novembre, à l'anniversaire de la première expédition si malheureusement terminée. Le général de Damrémont avait été tué le 11, veille de l'assaut. Il fut remplacé par le général Valée, présent au siège où il dirigeait l'artillerie et qui fut promu maréchal et nommé gouverneur général de l'Algérie.

Depuis l'avènement du roi Louis-Philippe, les rapports de la France et de l'Angleterre étaient officiellement devenus meilleurs. L'intimité du gouvernement de la Restauration et de la Russie était une menace pour la Grande-Bretagne, alors que la Révolution de 1830, à laquelle la Russie était hostile, nous rapprochait de l'Angleterre, qui s'offrit à notre alliance quand la Révolution belge eut menacé l'Europe d'une guerre générale. Néanmoins, les agents anglais cherchaient toujours à nous créer des difficultés et notre ministre des affaires étrangères écrivait à l'ambassadeur de

---

(1) L'auteur de ce guet-apens était un brigadier de l'escadron, qui avait déserté à a suite d'une punition infligée par l'adjudant Goërt du Hervé. Ce brigadier, nommé Moncel, auquel sa ressemblance avec un Bourbon faisait attribuer une origine princière, était un soldat superbe et, d'une remarquable bravoure, mais peu discipliné. Il passa chez les Hadjoutes et ayant épousé la fille du caïd des Beni-Salah, devint leur chef. C'est lui qui avait tendu l'embuscade. Il tua de sa main l'adjudant dont il voulait se venger et traça sur sa poitrine avec la pointe d'un poignard : « Moncel. 8 novembre 1837. » Livré plus tard, par la jalousie d'une femme, le déserteur fut traduit devant la cour martiale et fusillé (*Généraux et soldats d'Afrique,* par le capitaine BLANC. Paris, 1885. Plon).

France à Londres, le 14 mars 1832 : « La conduite des agents consulaires de la Grande-Bretagne dans cette partie de l'Afrique est peu compatible avec le système de réserve et de ménagements dans lequel nous voudrions nous renfermer. » La prise de Constantine fut l'occasion de nouvelles plaintes et, pour donner satisfaction à l'opinion nationale, le chef du *Foreign Office* rappelait, dans une note officielle remise à notre ambassadeur le 9 février 1838 : que la souveraineté d'Alger appartenait, de droit, à la Porte, que la France n'avait pas acquitté ses promesses faites à l'Europe avant le départ de la flotte, en 1830, de se concerter avec ses alliés pour l'organisation d'un nouvel ordre de choses. Mais, lors même qu'une cession régulière assurerait légitimement à la France le territoire occupé par ses troupes, l'Angleterre, y était-il dit, ne souffrirait pas qu'elle s'étendît au delà des limites de l'ancienne régence d'Alger.

Le perpétuel souci de ne pas trop ouvertement résister aux injonctions de l'Angleterre porta trop souvent le gouvernement du roi Louis-Philippe à réduire l'effectif de l'armée d'occupation et à lui interdire l'offensive.

Le traité de la Tafna (ratifié en juin 1837, dénoncé en novembre 1839), onéreux pour la France et gros de menaces pour l'avenir, car il consacrait la domination d'Abd-el-Kader sur toute l'Algérie, où nous ne restions maîtres que de la côte et du Sahel, donna cependant quelque essor à la colonisation. Blida, Kolea et Cherchell furent occupés aux environs d'Alger, ainsi que Mila, Sétif, Djidjelli et Stora dans la province de Constantine. Abd-el-Kader de son côté profitait de cette suspension d'armes pour se ravitailler d'armes et de munitions par notre entremise, instruisait ses bataillons de *réguliers* et formait des *tobjis* (canonniers). Dès qu'il se crut capable de nous vaincre, il dénonça le traité et recommença les hostillités.

Le maréchal Valée, artilleur d'un haut renom, justement mérité, était un apôtre de la défensive ; dans une lettre du 31 août 1839, il exposait au ministre de la guerre ses convictions : « La guerre offensive a de nombreux partisans... Mon avis, au contraire, est que désormais, en Afrique, la guerre doit être défensive. L'Arabe fuira constamment devant nos colonnes ; il les laissera s'avancer aussi loin que la nécessité de nourrir les soldats le permettra et il reviendra ensuite en donnant à leur retraite l'apparence d'un revers. L'habileté, en Afrique, consiste à attirer les Arabes au combat. Pour atteindre ce but, il faut... former des établissements permanents... ils ne tarderont pas à être attaqués. *Le succès du combat sur une position choisie à l'avance sera certain,* et la terreur qui suivra une défaite amènera la soumission des tribus voisines. »

Dès la fin de décembre, la Metidja était inondée par la cavalerie de l'Émir et tous nos postes investis, nos communications coupées ; les ravitaillements ne pouvaient se faire sans combattre. Celui de Blida nous coûtait 10 tués et 80 blessés le 14 décembre et amenait, le 31, le brillant combat de l'oued el Alleg où le colonel Changarnier défit complètement les réguliers d'Abd-el-Kader, leur prit un canon, trois drapeaux et des hommes, malgré la défense acharnée qui joncha le terrain de leurs morts. Cette victoire nous coûta 13 morts et 92 blessés seulement, et consacra la réputation de Changarnier. Le lendemain, 1er janvier 1840, un convoi important entrait à Blida. Mais dès le 29 il fallait de nouveau livrer au Bois sacré un combat sérieux, qui nous fit perdre 65 hommes.

Le maréchal Valée avait réclamé l'envoi de 12 000 hommes de renfort et préparait une grande expédition à laquelle les ducs d'Orléans et d'Aumale prirent part. Le corps destiné à opérer sous le commandement du gouverneur comprenait deux divisions, la première aux ordres du duc d'Orléans, la seconde du général de Rumigny, et une réserve commandée par le général de Dampierre. Les troupes furent prêtes le 12 avril seulement. Le 12 mai, eut lieu le combat du col de Mouzaïa, succès disputé ; le 17, Medea était occupé après un court engagement. Le maréchal Valée en repartait, le 20, en y laissant une garnison de 2 500 hommes. Il entrait à Miliana le 9 juin et rentrait à Alger en juillet, après trois mois de marches fatigantes et de combats continuels, mais sans résultat décisif, qui nous avaient coûté des pertes sérieuses.

Un témoin qui fut cité à l'ordre de l'armée et décoré pendant cette campagne, le capitaine de Montagnac, du 1er de ligne, le futur héros de Sidi-Ibrahim où il fut tué, nous a laissé ses impressions (¹) :

« Le maréchal, en tête de son lourd convoi, ne s'occupe en aucune façon de ce qui se passe ... il file en avant sans chercher à manœuvrer pour tromper l'ennemi, le couper, lui tendre des pièges... c'est tout bonnement une escorte de convoi. On ne cherche nullement à combattre l'ennemi, tandis que ce dernier est toujours sur nos flancs et sur nos derrières, tuant des hommes dans la colonne... Les Kabyles... rampant de buisson en buisson, de pierre en pierre, arrivent sans être aperçus et lâchent leur coup de fusil à coup sûr. On aperçoit la fumée, mais le tireur reste invisible. Nos soldats sont d'autant plus faciles à atteindre qu'on ne peut jamais les amener à se cacher ; ils s'en vont le ne en l'air, comme des imbéciles, et servent de cible à ces sauvages, qui, sans avoir jamais fait les exercices auxquels on assujettit nos tourlourous, sont plus habiles qu'eux... »

Le 12 mai, le bataillon de Montagnac, désigné par le sort, occupa la redoute de Mouzaïa :

« Nous voilà enfermés dans cet infâme poste, avec tous les chevaux malades, les bêtes de somme blessées, les bagages des princes et des généraux, etc. La brigade de cavalerie et l'immense convoi sont campés en dehors de la redoute... Le maréchal, débarrassé de cet attirail difficile à manier, se met en marche avec son infanterie seulement... A 3 heures de l'après-midi, le canon gronde, ses coups multipliés attestent la résistance de l'ennemi. Le lendemain 13 mai, 270 blessés dont deux généraux, MM. de Rumigny et Marbot, aides de camp des princes, descendent la montagne sous une escorte de quelques bataillons et sont déposés dans le réduit de la redoute, sur un peu de paille et sous des tentes que le soleil plombe... »

Quelques jours plus tard :

« Il y a pourtant, s'écrie Montagnac, 2 000 hommes de cavalerie... Eh bien ! cette cavalerie, composée des escadrons envoyés de France, hélas ! hélas !... est restée dans l'inaction la plus com-

---

(¹) *Correspondance inédite du colonel de Montagnac,* publiée par son neveu. Plon, 1885.

plète ; placée avec le convoi, elle est encadrée, comme celui-ci, par nos colonnes d'infanterie et nos flanqueurs et devient plus embarrassante qu'utile...

« En attendant, le maréchal va toujours son train avec son convoi. On le prévient que les bataillons d'arrière-garde peuvent être compromis si l'on ne s'arrête pas : « Je le sais, dit-il, j'ai « envoyé du canon, qu'ils s'arrangent. »... On aurait pu, en manœuvrant un peu, couper et anéantir un bataillon d'Abd-el-Kader. On n'a rien fait de tout cela et on s'est borné à recevoir la plus belle *conduite de Grenoble* qu'armée ait jamais reçue. Ce jour-là, on a été assailli par toutes les troupes d'Abd-el-Kader... et ses cavaliers... ont toujours été sur nos talons. Le 21, l'armée redescend le col, traînant après elle 400 blessés... Ces malheureux furent encore jetés, pendant quatre heures, au milieu de la plaine, sous un soleil de 35°... Les effets de pansement étaient totalement épuisés ; la plupart de ces pauvres gens ne pouvaient avoir que le soir la goutte de bouillon qu'ils auraient dû avoir le matin... Tout cela par l'incurie... de notre infernal maréchal. Vous verrez dans les journaux quelque lettre du général Marbot qui est resté avec nous, pendant huit jours, à souffrir de cruelles privations. Nous l'avons entendu s'exprimer d'une manière bien virulente sur le compte de notre gouverneur, sur son impéritie... »

Le 12 août, près de Kolea, un détachement de 135 hommes du 3ᵉ léger est surpris dans une embuscade et en partie massacré. Les survivants, un capitaine et 55 soldats, furent échangés par Abd-el-Kader l'année suivante (15 juin 1841) ainsi que le sous-intendant Massot et quelques voyageurs, enlevés avec la diligence de Douera par des coureurs hadjoutes.

Quand, au mois d'octobre 1840, la colonne envoyée par le maréchal Valée pour ravitailler Miliana, occupée depuis le mois de juin, y arriva, « la moitié de la garnison était dans le cimetière, écrivait le général Changarnier, un quart dans les hôpitaux ; le reste se traînait sans force et sans courage, incapable de défendre les remparts que l'ennemi, mal informé, n'avait heureusement pas attaqués... ». La garnison dut être relevée tout entière et, de 1 236 hommes laissés au mois de juin, 70 seuls survivaient au

31 décembre. La nostalgie, l'ennui, la dysenterie et la fièvre, la maladie morale et la maladie physique, tout avait concouru à l'abattre.

Montagnac écrivait de son côté du camp de Bouderba, le 28 août :

« ... Dispersés dans six ou huit postes du Sahel... nous occupons les endroits les plus malsains en ce moment (28 août)... Notre pauvre bataillon, qui était de 760 hommes à son départ d'Oran, se trouve aujourd'hui réduit à 210 hommes... Ma compagnie, qui était de 86 hommes le 26 juillet, en partant de Boufarik, est aujourd'hui de 26 grenadiers, 3 caporaux et 1 sergent : plus de sergent-major, plus de fourrier, plus de tambour ([1])... »

Le 28 novembre 1840, le maréchal Valée fut remplacé par Bugeaud. L'Algérie allait entrer dans une phase nouvelle et sa conquête, malgré les alternatives de l'opinion et les variations du gouvernement, ne devait plus être remise en question. Néanmoins, les réductions d'effectif, toujours réclamées par l'opposition et souvent arrachées à la faiblesse des ministres, devaient encore coûter bien des vies de soldats !

Le 11 avril 1842, le sergent Blandan, du 26e de ligne, jeune sous-officier de vingt-trois ans et de trois mois de grade, s'immortalisait près de Beni-Méred, où il allait porter un message du commandant de Boufarik, avec une escorte de 16 fusiliers de son régiment, 1 brigadier et 2 cavaliers du 4e chasseurs d'Afrique et le chirurgien aide-major Ducros que son service appelait à Blida. Assailli par un gros de cavaliers arabes à 2 kilomètres du poste de Beni-Méred et sommé de se rendre, Blandan forma son détachement en cercle et fit une défense désespérée

---

([1]) Nul n'a mieux caractérisé les fâcheux effets du changement de climat, de régime et d'habitudes, sur les soldats envoyés de France, que Montagnac, en termes un peu crus : « J'ai un misérable effectif de 260 hommes formé de pièces et de morceaux : des *mioches* arrivés de France depuis quelques jours. C'est fort désagréable. Ces merdeux-là ne sont bons qu'à foirer dans tous les coins de mon établissement. Je leur flanque de grands coups de pied dans les fesses quand je les rencontre et ils vont f... ailleurs. Ils deviendront bons comme les autres pourtant, tous ces m...; mais il faut les secouer. On peut tout attendre, voyez-vous, de ces pauvres petits enfants de la France, à la condition de les mener d'une main de fer et de se montrer invariablement avec eux aussi juste qu'énergique. Mais, en attendant, un de nos Kabyles joucrait à la balle avec dix crapauds pareils. »

tout en ménageant les cartouches. A l'approche des chasseurs d'Afrique accourus de Beni-Méred au bruit de la fusillade, les Arabes s'enfuirent, emportant leurs morts et leurs blessés. Des 21 Français, 5 étaient encore debout ; 7 étaient morts et 9 blessés. Blandan, frappé de trois balles, expirait pendant la nuit.

Le 2 mai, le général Changarnier recevait, à Cherchell, 83 prisonniers, dont le lieutenant d'état-major de Mirandol, rendus par Abd-el-Kader qui les avait enlevés sous Mascara, au mois de novembre 1841. Cette ville avait été occupée le 30 mai de la même année par le général Bugeaud, qui y avait laissé trois bataillons sous les ordres du colonel Tempoure, du 15e léger.

Le 5 juin, le 7e bataillon de chasseurs à pied, parti de Miliana pour faire une reconnaissance, mal éclairé et mal engagé, perdait 120 hommes et 8 officiers, dont 4 restés aux mains des Arabes ; ses débris y rentraient en désordre et complètement démoralisés.

Le 19 décembre, à l'oued Foddah, pendant les opérations de la colonne Changarnier dans la vallée du Chélif, une section de l'arrière-garde, trop isolée, est cernée et massacrée par les Kabyles avec l'officier qui la commandait. Le bataillon de zouaves a 4 officiers tués et 8 blessés sur 17 présents ; 33 hommes tués et 60 blessés sur 420 [1].

Et cependant le nouveau système de guerre improvisé par Bugeaud, celui des « colonnes mobiles » multiples et légères, rayonnant partout sans convoi, suivies de quelques mulets portant les munitions et les vivres, amenait progressivement de nombreuses soumissions. Ce système supprimait les grosses colonnes, alourdies par un train dont la protection enlevait toute initiative au commandant des troupes, réduit à choisir une route praticable aux voitures et à régler sur elles sa vitesse de marche. A l'arrivée de Bugeaud, les partisans de l'occupation restreinte préconisaient l'établissement d'un *obstacle continu* (qu'il traitait irrévérencieusement de « muraille de *la Chine* ») destiné à protéger la Metidja contre les déprédations des Arabes. L'auteur de cette conception était le général du génie Rogniat,

______

[1] *Mémoires du général Montaudon.*

un vétéran de l'Empire, dont un autre officier du génie, le général de Berthois, aide de camp du roi, s'était chargé d'appliquer les principes. Cette ligne, avec la mer pour base, allait de Kolea à Blida et de Blida à l'embouchure de l'Harrach. Elle avait un développement de 76 kilomètres et devait être tracée par un fossé continu, infranchissable, appuyé de 160 blockhaus. Bugeaud n'avait cependant pas ménagé les critiques. Le 7 décembre 1841, il écrivait au ministre de la guerre : « J'ai calculé qu'en été quatre régiments ne suffiraient pas à la garde de l'obstacle et qu'il donnerait pendant cinq mois 7 000 ou 8 000 malades. Dès lors, plus de guerre possible au dehors; il faut enlever la garnison de Medea et de Miliana et se replier derrière l'enceinte pestilentielle. L'armée aura ainsi creusé elle-même son tombeau. » Trois ans plus tard, il disait encore : « Fondée largement sur le succès de nos expéditions, notre puissance morale est à l'occupation restreinte et au fossé de M. de Berthois ce que la grande pyramide d'Égypte est à l'une des tombes du Père-Lachaise. » Le fossé déjà creusé fut employé au drainage des terres humides et ce fut le plus grand service qu'il put rendre. « Ainsi échoua dans une tentative presque ridicule le suprême effort de l'occupation restreinte(¹). »

L'année 1843 fut marquée par un événement important, le combat de Taguine (16 mai) qui fit tomber, aux mains du duc d'Aumale, la smala d'Abd-el-Kader. Lui-même faillit être pris, ce qui aurait terminé la guerre. Presque en même temps, dans l'Ouarensenis, la colonne Changarnier (20 mai) recevait à merci 2 000 Kabyles, tandis que les généraux Bedeau, de La Moricière et Gentil obtenaient la soumission de nombreuses tribus. Parmi les faits d'armes qui ont eu lieu au cours de cette opération, nous citerons celui de Sidi-Rached (16 mai), où 110 chasseurs d'Afrique du 2ᵉ, commandés par les capitaines Daumas et Favas (colonne Gentil), entraînés par la poursuite, tombèrent dans une masse de 1 500 chevaux. Ils n'eurent que le temps de gagner le marabout de Sidi-Rached et de se former en carré, pied à terre, les chevaux servant de parapet. La fusillade s'engagea. Deux

---

(¹) Camille Rousset, *La Conquête de l'Algérie*, t. I.

longues heures se passèrent jusqu'à l'arrivée du 32ᵉ de ligne, qui mit les Arabes en fuite. Des 110 chasseurs, 22 avaient été tués, 30 blessés ; des 7 officiers, un seul était sans blessure.

Grâce aux colonnes mobiles, la pacification fit de rapides progrès et notre occupation s'étendit jusqu'aux limites du Sahara, dans les trois provinces ; Tébessa, Batna, Biskra reçurent des garnisons dans la province de Constantine, ainsi que Tiaret, Saïda, Sebdou et Lalla-Marnia, postes nouvellement créés dans la province d'Oran, pour nous couvrir à l'ouest. Bugeaud avait bien gagné le bâton de maréchal qui lui fut remis le 31 juillet 1843.

Abd-el-Kader, traqué dans les trois provinces et suivi seulement d'une poignée de partisans dans ses courses rapides, avait dû, à plusieurs reprises, chercher asile au Maroc où il ralliait de nouveaux contingents. Ses menées, plus ou moins encouragées par le gouvernement marocain, qui les désavouait officiellement, amenèrent un conflit avec nos troupes. Notre poste de Lalla-Marnia, où commandait le général de Lamoricière, secondé par le général Bedeau, fut attaqué le 30 mai 1844, puis le 15 juin, par des bandes marocaines qui furent énergiquement repoussées. Le gouvernement français, inquiet des retours offensifs de l'opposition, voulut régler le conflit par voie diplomatique. La menace d'une démonstration de notre flotte sur les côtes marocaines excitait l'émotion du gouvernement anglais. Prêt à tout événement, le maréchal réunissait à proximité de la frontière marocaine dix-huit bataillons et dix-neuf escadrons, malgré les recommandations du ministre qui l'invitait à temporiser et auquel il répondait : « J'ai devant moi un camp de 15 000 à 20 000 hommes ; nous savons qu'il y a un autre camp à Taza, peut-être en route pour rejoindre celui-ci. On peut encore soulever toutes les montagnes du Rif et des Beni-Snassen et amener contre nous tous ces montagnards ; *il faudra donc attendre la concentration de toutes ces forces!* Si, au contraire, j'étais libre de faire la guerre comme elle doit être faite, je sommerais le fils de l'empereur de répondre, dans les vingt-quatre heures, s'il accepte la suspension d'armes que je lui ai proposée et s'il renonce à la prétention de nous faire évacuer Lalla-Marnia. S'il me répondait non, je marcherais sur lui. Au lieu de cela, que m'ordonnez-vous ? 1º D'attendre la concentration de forces énormes ; 2º *de perdre cette force morale sur les peuples et sur mes soldats que j'avais acquise par une attitude énergique et offensive.* Plus j'y réfléchis, plus cette conduite me paraît funeste, je dirai même intolérable... »

L'apparition devant Tanger d'une flotte commandée par le prince de Joinville exalta le fanatisme des Marocains et amena le bombardement de ce port, le 6 août. A cette nouvelle, le maréchal, enfin délivré de ses scrupules, écrivait au prince : « Le 14 au plus tard, j'ai la confiance que nous aurons acquitté la lettre de change que la flotte vient de tirer sur nous ! » Il avait appris le bombardement le 11 août : dès le lendemain la concentration de ses troupes était terminée, le 13 il se portait en avant, le 14 à 2 heures du matin il levait le camp, traversait l'Isly à gué, joignait les masses ennemies qui bientôt l'entouraient sur son front et ses deux flancs. A midi la bataille était gagnée. Les Marocains laissaient 800 morts sur le terrain, tout leur camp, leur artillerie, leurs drapeaux avec un butin immense. Cette victoire nous coûtait 4 officiers et 23 soldats tués ; 7 officiers et 92 soldats blessés. Les débris de l'armée de Mouley-Mohamed (fils du sultan Abderamane) étaient impitoyablement poursuivis et dépouillés par les tribus marocaines qu'ils avaient pressurées, selon la coutume locale, pendant leur concentration. Le 15 août, la flotte bombardait Mogador et les marins débarqués s'emparaient des batteries et des défenses qu'ils détruisaient de fond en comble dès le lendemain. Après leur départ, la ville était mise à sac par les tribus descendues des montagnes, et le consul anglais, qui s'était obstiné à rester dans la place, fut heureux d'être recueilli par l'escadre. L'Empereur demanda la paix, qui fut hâtivement conclue à Tanger, le 10 septembre, en raison de l'attitude menaçante de l'Angleterre, sans la participation du maréchal. L'article 5 du traité établissait la délimitation de la frontière *comme au temps de la domination turque.* Ce traité, écrivait Lamoricière, « trahit une ignorance absolue des hommes et des choses ». Nous abandonnions au Maroc les territoires des Ouled-Sidi-Cheik et les ksour de Figuig qui ne lui avaient jamais appartenu. Bugeaud trouvait le traité détestable.

Seule, la Kabylie, région montagneuse qui de la banlieue d'Alger s'étend jusqu'à Bône à l'est, et à Sétif au sud, restait insoumise. Une colonne de 2 000 hommes aux ordres du général Comman dut, en automne, opérer dans la vallée du Sebaou; elle fut maladroitement engagée, le 17 octobre, perdit 26 tués et 167 blessés et se replia sur Dellys. Averti de l'échec, le maréchal prit immédiatement la mer avec quatre bataillons, débarqua à Dellys, le 25, et se porta de suite contre les Kabyles, qui firent leur soumission, le 28, après avoir été châtiés. La colonne fut dissoute le 5 novembre et le maréchal, devenu duc d'Isly, s'embarqua pour la France, le 16, laissant l'intérim du gouvernement au général de Lamoricière.

Bugeaud était membre de la Chambre des députés; dans un grand discours qu'il y prononça, le 24 janvier 1845, il disait à ses collègues :

« Quoique notre armée d'Afrique vous paraisse souvent beaucoup trop forte, surtout lorsqu'il s'agit de voter le budget, je vous déclare qu'elle est faible, comparativement à la surface du pays qu'elle a à dominer, à protéger. Si elle y suffit, ce n'est qu'en multipliant ses fatigues. J'ai demandé à nos soldats en mobilité plus peut-être qu'on ne pouvait. C'est en répétant leurs marches à l'infini, c'est en leur imposant des privations presque continuelles, que je suis parvenu à suffire aux besoins de notre domination sur cet immense territoire. On s'est étonné qu'il ait fallu 80 000 hommes pour faire la conquête de l'Algérie, où on n'a jamais vu 20 000 hommes en ligne, lorsque, avec des armées de 30 000 hommes on a fait la conquête de l'Italie et de l'Égypte. Je ne saurais trop le redire, c'est que, dans la plupart des autres pays, surtout en Europe, il suffit de gagner une ou deux batailles décisives pour s'emparer des grands intérêts de l'ennemi qui se trouvent concentrés sur quelques points; mais, en Afrique, des combats même convenables n'ont rien de décisif. Ce n'est que par leur multiplicité, et en prenant les tribus les unes après les autres, que nous sommes parvenus à soumettre les Arabes... L'occupation restreinte est une tâche impossible; il est plus facile de prendre le tout que la partie. On ne peut pas faire la conquête à demi... » Et il concluait par une demande d'augmentation d'effectif afin de pouvoir soumettre la Kabylie : « Non pas que les populations soient inquiétantes, envahisseuses, hostiles ; non ; elles défendent vigoureusement leur indépendance quand on va chez elles, mais elles n'attaquent pas. Mais ce territoire insoumis au milieu de l'Algérie obéissante est d'un mauvais exemple pour les tribus qui paient l'impôt et voient auprès d'elles des voisins qui ne le paient pas. C'est un témoin vivant de notre impuissance, de notre respect pour les gens forts et cela diminue notre force morale. C'est un refuge pour les mécontents... »

Comme le dit très justement Camille Rousset, « tout était dans ce discours : le passé, le présent et l'avenir de la conquête ».

Après la bataille d'Isly, Abd-el-Kader s'était retiré sur la rive gauche de la Moulouïa, dans une région qui ne reconnaissait guère l'autorité du sultan du Maroc. Il recruta un millier de Beni-Snassen et de gens du Rif, pendant que ses agents intriguaient parmi nos tribus. D'audacieuses tentatives étaient faites contre nos postes. Le 3o janvier 1845, 58 pèlerins arabes, chantant et psalmodiant, s'approchèrent de Sidi-bel-Abbès sans que les hommes de garde se missent en défense. Le factionnaire ayant fait mine de les arrêter tomba mort d'un coup de pistolet. En un clin d'œil la redoute fut envahie. Les hommes du 6e léger qui l'occupaient prenaient leur repas. Hurlant et tirant leurs armes cachées sous leurs burnous, les faux pèlerins assaillirent la garnison qui eut 6 tués et 26 blessés, mais un moment après leurs 58 cadavres étaient alignés dans la redoute ; les femmes, les enfants et les troupeaux, qui étaient restés à quelque distance des hommes chargés d'enlever le poste, étaient ramassés par nos spahis. Une colonne partie de Saïda le 18 avril, sous les ordres du colonel Géry, se heurta aux Ouled-Sidi-Cheik, détruisit Rassoul et Brezina et rentra à Frenda le 11 mai, après quelques combats sans importance. Pendant ce temps, le général Marey châtiait les Ouled-Nayls qui avaient razzié les troupeaux de la *zekkat* (impôt) que notre khalifa de Laghouat faisait conduire à Medea.

Un khouan, surnommé Bou-Maza, sut fanatiser quelques Arabes et assassina deux de nos caïds, en faisant proclamer qu'un tel sort était réservé à tous les félons qui acceptaient notre investiture. Le colonel de Saint-Arnaud qui commandait à Orléansville rencontra la bande de Bou-Maza qu'il dispersa, le 14 avril, après lui avoir tué du monde. Le 20, une bande de 800 Kabyles attaquait le camp des Gorges, près de Tenès, et était repoussée. Le 22, un convoi de ravitaillement attaqué près d'Orléansville perdait 5 tués et 52 blessés, en dispersant les assaillants. Le 28, Bou-Maza, après avoir soulevé toute la vallée du Chélif, venait insulter Orléansville. L'insurrection gagnait l'Ouarensenis que deux colonnes, parties d'Alger le 2 mai, durent razzier. Trois colonnes en firent autant dans la vallée du Chélif. Celle commandée par le colonel Pélissier, opérant contre les Ouled-Ria dans le Dahra, les trouva renfermés dans des grottes inaccessibles, d'où ils répondaient par des coups de fusil aux sommations qui leur étaient faites. Des fascines furent amassées, le 19 juin, à l'orifice des grottes ; on menaça leurs habitants d'y mettre le feu ; ils continuèrent de tirer. A 2 heures, elles furent allumées. Le lendemain, quand la fournaise fut éteinte, on y compta 500 victimes, hommes, femmes et enfants. Ce tragique événement fut vivement commenté en France et au dehors. Le maréchal couvrit son subordonné, et les tribus, effrayées par cette terrible leçon, cessèrent leur résistance. De nouvelles tentatives d'insurrection éclatèrent, dans l'ouest et en Kabylie, qui furent bientôt réprimées. En juillet, Bou-Maza réapparaissait à Orléansville et assassinait notre aga du Sendja. Son succès lui valut des plagiaires et l'on compta jusqu'à six Bou-Maza, de l'Atlas au désert. Le vrai Bou-Maza, poursuivi par le général de Bourjolly, parvint à s'échapper après un combat (23 juillet) où nous perdîmes 22 tués et 60 blessés.

Abd-el-Kader, jaloux de l'influence acquise par Bou-Maza, fit annoncer par toute la vallée de la Taïna son arrivée prochaine, afin de relever son prestige. A cette nouvelle, trois colonnes aux ordres du général Cavaignac, parti de Tlemcen le 21 septembre, et des lieutenants-colonels de Barral et de Montagnac, le premier venant de Lalla-Marnia, le second de Djemma-Ghazaouat (Nemours), se mirent à la recherche de l'émir. On sait qu'emporté par son désir de prendre Abd-el-Kader, l'aventureux Montagnac se fit héroïquement tuer, le 25 septembre, à Sidi-Ibrahim où sa colonne fut anéantie : elle comprenait cinq compagnies du 8ᵉ bataillon de chasseurs (commandant Froment-Coste) et un demi-escadron du 2ᵉ hussards avec trois officiers et le chef d'escadron Courby de Cognord. Abd-el-Kader ramena à sa *deira* 92 prisonniers, presque tous blessés, dont 2 officiers. Il y joignait, deux jours après, 3 officiers et 220 hommes d'un détachement envoyé de Tlemcen pour renforcer la garnison d'Aïn-Temouchent, sous les ordres du lieutenant Marin, du 15ᵉ léger. Ce dernier, surpris au moment où ses hommes, au repos, faisaient le café, se rendit sans combattre. Ces 300 prisonniers, après avoir subi les plus infâmes traitements pendant sept mois, traînés à la suite de l'émir, furent massacrés le 24 avril 1846 par leurs gardiens, à l'exception de onze, la plupart officiers ([1]), qui furent rendus contre rançon, le 25 novembre 1846.

La situation était grave. Le désastre de Sidi-Ibrahim donnait un nouvel aliment aux divers foyers d'insurrection. A Sebdou, le commandant Billot était massacré avec le lieutenant de Dombasle, chef du bureau arabe, et son escorte. Nos ponts sur l'Isser et la Tafna étaient brûlés. Les Beni-Amer fuyaient au Maroc. Autour d'Oran, les Douair et les Sméla, nos fidèles alliés, étaient euxmêmes en fermentation. Les Gharaba bloquaient Saint-Denis-du-Sig. Les communications d'Oran avec Mascara et Sidi-bel-Abbès étaient coupées. Le lieutenant de Lacotte, chef du bureau arabe de Tiaret, était fait prisonnier et son escorte massacrée. Le maghzen de cette place désertait en entier, avec les Harar et les Ouled-Khelif. Le maréchal, qui était en Périgord, revint en Algérie où il débarquait le 15 octobre. Six régiments d'infanterie et deux de cavalerie étaient dirigés de France comme renfort. Dès le mois de novembre, douze colonnes étaient en mouvement. L'insurrection fut promptement arrêtée. Abd-el-Kader, traqué sept mois durant par nos colonnes (qui furent portées au nombre de dix-huit), parcourut 800 lieues, du nord au sud et de l'est à l'ouest, laissant ses partisans épuisés et fourbus. Au mois de juillet 1846, il se réfugiait au Maroc où, traité en proscrit par

______

([1]) Parmi eux se trouvait le lieutenant Marin, qui fut traduit devant un conseil de guerre et condamné à mort, puis gracié.

le gouvernement chérifien il ne put recruter de nouveaux partisans. Menacé d'être interné, il se rendit, le 23 décembre 1847, au duc d'Aumale, successeur du maréchal Bugeaud dont la démission, motivée par le refus du gouvernement de consentir à l'expédition de Kabylie alors préparée par lui, avait été acceptée (juin 1847).

La province de Constantine, qui depuis plusieurs années jouissait d'une tranquillité complète, fut troublée, en 1846, par un chérif venu de Tunisie qui fomenta l'insurrection des Nemencha. Le général Randon, qui commandait à Bône, marcha contre eux avec une colonne. Le 1er juin, à la veille de s'engager dans la partie la plus âpre de leur territoire, le général mit en route pour Bône, sous une escorte de spahis, pour alléger sa colonne, quelques officiers et une centaine de soldats malades, éclopés ou libérables. Ce détachement fit halte, pour passer la nuit, chez les Ouled-Yaya, qui, après l'avoir bien accueilli, traîtreusement le massacrèrent. Seul, un spahi de l'escorte put s'échapper et rendre compte de l'événement dans la nuit même. La tribu coupable, qui fuyait pour gagner la frontière tunisienne, fut atteinte par notre cavalerie et mise à sac. Quelques jours plus tard, les Nemencha, battus et poursuivis, faisaient leur soumission [1].

Pendant les années suivantes, la tranquillité ne fut pas troublée ; mais, au mois de juin 1849, Zaatcha, l'un des principaux ksour du sud de la province de Constantine, se révolta contre notre autorité. Une colonne forte de 1 700 baïonnettes et 300 chevaux y fut envoyée, sous les ordres du colonel Carbuccia, de la légion étrangère, et apparut, le 16 juillet, devant l'oasis. L'assaut, donné après un bombardement sans effet utile sur des murs en terre, fut repoussé avec perte de 31 tués et 117 blessés. La colonne reprit le chemin de Biskra et l'effet moral produit par sa retraite décupla le nombre des dissidents. Une seconde expédition fut retardée par l'apparition du choléra, qui étendit en Algérie ses ravages. Le général Herbillon, à la tête d'une force de 4 500 hommes, arrivait, le 7 octobre, devant Zaatcha. Une première reconnaissance, s'étant aventurée dans les jardins qui entourent

---

[1] *Mémoires du maréchal Randon*, t. I.

le ksar, perdit 24 morts et 47 blessés dont la plupart restèrent aux mains des Arabes. Le général Herbillon, ayant reçu 1 600 hommes de renfort, donna l'assaut le 20, sur deux points différents où les assaillants furent également repoussés, avec perte de 14 tués et 40 blessés à l'attaque de gauche, et de 20 morts et 84 blessés à l'attaque de droite. Un chef de bataillon et 4 capitaines avaient été tués. Il y avait 600 malades à l'ambulance ; beaucoup mouraient de la dysenterie. Il fallut procéder à une approche régulière. Des six officiers du génie chargés de diriger les travaux, il n'en restait que deux à la fin d'octobre. Une sortie des assiégés, le 25, nous coûtait 6 tués et 23 blessés. Des renforts arrivés les 8 et 15 novembre portèrent à 8 000 hommes l'effectif des troupes du siège qui se trouvaient menacées par plusieurs milliers de Sahariens marchant au secours du ksar. Attaqués vigoureusement le 16, à minuit, ces derniers, culbutés, poursuivis et dispersés, laissèrent entre nos mains 200 morts, leurs tentes, 15 000 moutons et 1 800 chameaux. Une nouvelle sortie, le 24, nous fit encore perdre du monde, dont 4 officiers tués.

Le lendemain, trois brèches étaient praticables, l'assaut eut lieu à 7 heures du matin, le 26, sur trois colonnes aux ordres des colonels Canrobert, de Barral et de Lourmel. A 9 heures, Zaatcha était à nous ; il fallut emporter chaque maison l'une après l'autre, les habitants faisant une défense désespérée. A 3 heures de l'après-midi, tout bruit de combat avait cessé. On compta plus de 800 cadavres ramassés sur les décombres, mais on ne connut jamais le nombre de ceux qui étaient restés dessous. Notre perte fut de 65 tués et 790 blessés. Tout ce qui restait debout dans le ksar et aux alentours fut rasé au niveau du sol.

Au printemps de 1851, sous le gouvernement du général d'Hautpoul (¹), eut lieu l'expédition de la petite Kabylie. Une division de 8 700 hommes aux ordres du général de Saint-Arnaud,

---

(¹) Il avait remplacé, le 4 novembre 1850, le général Charon, successeur du duc d'Aumale, qui, le 3 mars 1848, avait quitté son gouvernement pour l'exil, accompagné, jusqu'au bateau qui devait l'y mener, par la population d'Alger émue et respectueuse.

réunie à Mila, se porta excentriquement sur Philippeville et Djidjelli.

Le 13 mai, le 10ᵉ de ligne, arrivé récemment de France, surpris au bivouac les armes en faisceaux, eut 66 tués et 140 blessés : 5 officiers et 43 hommes restés aux mains des Kabyles furent décapités ; le reste, pris de panique, ne fut sauvé que par l'arrivée du 9ᵉ de ligne. Le 16, en arrivant à Djidjelli, 12 officiers et 300 hommes devaient être évacués par mer.

Le 26 juin, une compagnie du 20ᵉ de ligne laissée à l'arrière-garde, bientôt entourée par les Kabyles, allait être massacrée quand elle fut sauvée, à temps, par le colonel Espinasse à la tête d'une compagnie de grenadiers. La retraite eut lieu en désordre. Une compagnie de zouaves laissée en flanc-garde fut oubliée : elle se fit jour à la baïonnette, emmenant ses blessés, mais 1 officier et 15 hommes tués restaient aux mains de l'ennemi. Trois compagnies du 16ᵉ léger venaient relever celles du 20ᵉ à l'arrière-garde quand, surprises par un feu violent sur leurs flancs, elles perdent 38 hommes et se débandent. Aussitôt celles du 20ᵉ se replient en courant, malgré les efforts du colonel Espinasse et du commandant Picard qui, à la tête d'un petit groupe de braves, suffisent à arrêter les Kabyles (¹).

Le 15 juillet, la colonne était licenciée. Les résultats de cette expédition furent à peu près nuls : elle valut les étoiles de divisionnaire au général de Saint-Arnaud qui la résumait emphatiquement en ces termes : « Quatre-vingts jours d'expédition, vingt-six combats, lutte vive et acharnée, 1 000 hommes touchés par l'ennemi, un sur sept, et toujours des succès ! Expédition critiquée au début, rude à conduire, aujourd'hui juste tribut d'éloges. »

La petite Kabylie ne fut soumise et pacifiée qu'en 1853, par le général Randon, qui n'y trouva, dit-il, « ni vestiges ni souvenirs de l'apparition de nos colonnes en 1851 ».

La conquête de la grande Kabylie fut entreprise par le même gouverneur (²) [promu maréchal le 16 mars 1856] et rapide-

---

(¹) *Mémoires du général Montaudon.*

(²) Randon avait remplacé d'Hautpoul le 1ᵉʳ janvier 1852.

ment menée, du 19 mai au 16 juillet 1857, par les trois divisions Renault, Mac-Mahon et Yusuf qui formaient un total de 3o ooo combattants. Les Kabyles se défendirent énergiquement à Souk-el-Arba et Icheriden et nous eûmes un millier d'hommes hors de combat.

L'Algérie désormais pacifiée était devenue la France algérienne.

III

NOS DEUX ARMÉES : L'ARMÉE DE LA DÉFENSE NATIONALE, L'ARMÉE COLONIALE

La loi du 21 mars 1905, en imposant deux ans de service à tous les Français, a exclu l'armée métropolitaine de toute participation aux expéditions coloniales.

Il est de toute évidence que le législateur, voulant constituer une armée en vue de la défense nationale, à laquelle doivent concourir tous les citoyens de vingt à quarante-cinq ans d'âge, moralement dignes et physiquement capables, a jugé nécessaire que chacun d'eux fût instruit d'une façon aussi complète que possible, tout en réduisant au minimum le poids des obligations militaires individuelles. Deux ans de service actif peuvent suffire, à condition d'être bien employés. En fait, cette nouvelle armée, qui ne comporte que des cadres permanents, n'est plus qu'une *école militaire* obligatoire. Les contingents appelés sous les drapeaux chaque année sont renvoyés dans leurs foyers après deux ans de cours, quand ils sont devenus des *soldats faits*. En cas de mobilisation, chacun d'eux vient reprendre sa place dans l'unité qui l'a instruit. En temps de paix, il est rappelé à l'activité, pour être examiné au point de vue de ses aptitudes militaires, pendant trois *périodes d'instruction,* espacées de plusieurs années, d'une durée, progressivement réduite, de vingt-trois, dix-sept et neuf jours ([1]).

Une telle armée, uniquement composée d'un cadre (professeurs et moniteurs) et d'élèves soldats, ne peut avoir un caractère agressif. Moins encore dans une république parlementaire que sous un gouvernement monarchique, car le chef de l'État ne peut déclarer la guerre, en France, qu'avec l'assentiment des Chambres.

------

[1] Loi du 14 avril 1908.

Il est vain d'épiloguer sur les inconvénients de la loi du service de deux ans et sur les dangers auxquels son application prématurée peut exposer la France, dans le cas, trop volontiers invoqué par les timorés et les pessimistes, d'une irruption inopinée de l'armée allemande, avec ou sans déclaration de guerre.

La loi de deux ans est en vigueur; elle est incontestablement populaire en raison de l'allégement et de l'égale répartition des charges qu'elle apporte à l'impôt du sang. Nous avons tenu tête à l'Europe, il y a plus d'un siècle, dans des conditions plus difficiles, avec la guerre civile à l'intérieur, et nous avons pu non seulement repousser l'invasion, mais porter victorieusement la guerre chez nos adversaires. Aujourd'hui, appuyés sur des alliances et des amitiés solides, alors que nos sentiments pacifiques ne peuvent être contestés par personne, il nous est permis d'envisager l'avenir avec confiance.

Depuis quarante ans, la France n'a cessé de diminuer la durée légale du service actif pour donner satisfaction à l'opinion. Fixée à huit ans en 1818, puis à sept en 1832, cette durée était réduite à cinq ans en 1868 et maintenue à ce taux par la loi de 1872 discutée par l'Assemblée nationale de 1871, alors que les meilleurs esprits, éclairés par les victoires de la Prusse, réclamaient le service de trois ans à l'imitation de cette puissance. Faut-il rappeler que, sous l'Empire, au cours de la discussion de la loi de 1868, un de nos plus célèbres hommes d'État, l'historien de l'épopée napoléonienne, Thiers, déniait, malgré l'évidence, la supériorité du système prussien mise en lumière par sa campagne de 1866, et traitait de « fantasmagorie » l'évaluation numérique des forces de la Confédération de l'Allemagne du Nord, dont les totaux, disait-il, ne pouvaient constituer qu'une foule armée. Devenu président de la République et s'appuyant sur l'opinion des généraux de l'Empire — *laudatores temporis acti* — il usa énergiquement de son ascendant pour obtenir du législateur de 1872 le maintien de la durée du service actif à cinq ans. Et cependant, des officiers informés nous avaient clairement démontré les causes de la supériorité du système adopté par la Prusse, soixante ans auparavant (1808). Le colonel Stoffel, officier d'ordonnance de Napoléon III, qui avait suivi le grand quartier général prussien pendant la campagne de Bohême, écrivait (Rapport du 4 octobre 1866) :

« *Les plus grands enseignements à tirer de l'étude de l'armée prussienne sont ceux du domaine moral. On est frappé de deux choses : de la valeur intellectuelle de cette armée et du principe de justice et de moralité qui sert de base à son organisation.* »

La loi de 1872 fut votée, mais la discussion continua entre les partisans du service de trois ans et ses adversaires. Le plus clair-voyant des premiers par le savoir et l'élévation des idées, le général Trochu, publiait cette affirmation vraiment prophétique [1] : « Le nouveau régime pèse d'un poids si lourd sur le pays qu'il faut l'alléger par tous les moyens possibles, à peine de le voir devenir avec le temps, au sein des populations, l'origine d'un mauvais esprit favorable à toutes les idées subversives. » Tandis que M. Étienne Lamy, alors membre éminent du Parlement et aujourd'hui de l'Académie française, demandait le retour à l'armée de métier [2] et au remplacement, et protestait contre le service obligatoire, cause de notre déchéance politique : « Pour soutenir les moindres guerres comme les plus grandes, il faut faire appel aux citoyens. Les bons citoyens sont prêts si le salut public le commande : mais il ne faut pas moins qu'un extrême péril pour légitimer à leurs yeux le sacrifice extrême que la guerre leur impose. S'il leur était demandé pour l'avantage douteux ou secondaire du pays, l'exigence leur devient excessive et, si elle devient fréquente, insupportable. Plus ils seront exposés à ces surprises, moins ils s'y résigneront. Leur épée, toujours suspendue sur leur tête, leur inspirera l'horreur des armes. Une nation où chacun est soldat perd bientôt l'esprit militaire.

« Le mal n'est pas irréparable quand elle a un gouvernement maître de lui-même et soucieux de l'avenir. S'il a besoin de troupes, il les lèvera malgré l'opinion. Comme il ne dépend pas d'elle, il suffit que le mécontentement ne monte pas à ce point où il affaiblirait l'avenir par la démoralisation, ou ébranlerait l'État lui-même par l'émeute. Il sait que beaucoup de colère

---

[1] *L'Armée française en 1879*, par un officier en retraite. Paris, Hetzel, 1879.

[2] *L'Armée et la Démocratie.* Paris, Calmann Lévy, 1885

s'apaise dans un peu de gloire, et il entretient les vertus guerrières dans un peuple partagé entre la crainte des épreuves et l'orgueil des résultats.

« Mais, quand le peuple gouverne lui-même, ceux qui décident s'il faut combattre sont ceux qui auraient à combattre. Pour chacun de ces juges, l'avantage public est l'avantage des autres, les mauvaises chances un mal personnel. Chaque conflit les met en demeure de se sacrifier au bien général. Les hommes qui en délibèrent trouvent rarement l'occasion suffisante pour se faire tuer. Un tel peuple ne contemplera pas la victoire, mais la bataille, mais le sang : même pour arriver à la terre promise, il ne voudra pas traverser la mer Rouge. Les chefs nommés par le peuple sauront que l'intérêt le plus important est de ne pas troubler l'existence de tous, et si, mandataires infidèles, ils menaçaient d'envoyer leurs électeurs à la gloire, leurs électeurs les rendraient au repos. Jamais gouvernement ne prendra l'initiative d'une de ces luttes par lesquelles s'affirme ou se rétablit le rang d'une nation dans le monde. Jamais, fût-ce pour un grand résultat, il ne hasardera même un faible effort. Si réduite que soit la guerre, à qui l'imposer. Sur quelle province faire peser la charge d'une mobilisation partielle ? De quel droit, dans une démocratie égalitaire, établir, en appelant une partie des citoyens à la lutte, la plus arbitraire des inégalités ? Comment un régime d'opinion oserait-il provoquer la colère des pays désignés pour fournir les troupes et des députés qui les représentent ? Une armée dont les soldats sont des citoyens maîtres dans l'État ne peut être levée : un gouvernement sans armée ne peut avoir de politique extérieure. Il sera condamné à ne pas saisir d'occasion et à en fournir aux autres, à supporter beaucoup d'injustices aggravées par beaucoup de dédains, et dans les cœurs pacifiques la crainte des aventures émoussera peu à peu les fiertés de l'honneur... » Et, comme conclusion, l'auteur de *L'Armée et la Démocratie* réclamait le maintien du service de cinq ans pour la première portion du contingent, formée des *mauvais numéros* tirés au sort, parmi lesquels 40 000 conscrits se feraient remplacer à prix d'argent, et le service de six mois pour tout le reste (deuxième portion, remplacés, dispensés, etc.).

Il est impossible de dépeindre d'une façon plus saisissante les avantages qu'offraient au gouvernement personnel les armées d'ancien régime destinées « *à défendre les institutions et au besoin à les combattre* » à l'intérieur, et à servir d'*ultima ratio* à leur politique extérieure. Si étrange était l'opinion communément admise, jadis, sur le rôle de l'armée, qu'après avoir vu les Alliés deux fois dans Paris, un illustre vétéran des guerres de la République et de l'Empire, le général Rogniat ([1]), proposait, en 1820, que la durée du service militaire fût portée à dix ans, en appuyant son opinion par de tels arguments : « L'armée débarrasse le pays des oisifs et des fainéants, elle délivre la société d'un fardeau d'inutiles vagabonds ... Or l'expérience de tous les peuples civilisés a prouvé qu'on ne peut enlever plus de la centième partie de la population, c'est-à-dire dix mille hommes par million d'âmes, sans nuire beaucoup au commerce, aux manufactures, aux arts, à l'agriculture. L'homme qu'on enlève à la force de l'âge pour le consacrer au service militaire est une double perte pour la société ; d'abord elle est obligée de l'entretenir, ensuite elle est privée de tout ce que son travail eût produit au delà de son propre entretien. Chez tous les peuples, il est toujours quelques jeunes gens que le service militaire peut atteindre sans diminuer les produits ; mais le nombre en est d'autant plus limité que le peuple est plus civilisé. Lorsque le service militaire, outre cette classe parasite, enlève les jeunes gens laborieux, il diminue nécessairement les produits et par conséquent les richesses d'une nation. »

Le soldat de l'ancien régime était un paria ([2]) dans la société et, par une singulière antinomie, c'est à ce paria qu'il appartient de défendre l'ordre qui ne lui importe guère et de verser son sang pour assurer, à ses concitoyens qui le méprisent, l'usage d'institutions dont il n'a cure ; c'est au prolétaire de combattre *pro aris et focis !*

Cependant, à l'Assemblée constituante, la plupart des officiers

---

([1]) *Considérations sur l'Art de la guerre,* par le lieutenant général baron Rogniat. Paris, Anselin, 1820.

([2]) Lorsque fut appliquée l'idée de Pascal sur les *omnibus,* « carrosses à 5 sols », en 1672, le parlement n'enregistra les lettres patentes qu'avec cette restriction : « Les *soldats,* pages, laquais et autres gens de livrée, même les manœuvres et gens de bras, ne pourront entrer dans lesdits carrosses. »

membres du comité militaire avaient réclamé le service obligatoire. Dubois-Crancé disait à la tribune :

« Il faut que chaque homme, dès que la Patrie sera en danger, soit prêt à marcher. Si vous tolérez une fois le remplacement, tout est perdu ; de proche en proche tous les riches voudront se soustraire au service personnel, et les pauvres resteront seuls chargés de cette fonction si noble pour un peuple libre. » Cette vérité, méconnue en France (¹), devait bientôt inspirer la Prusse, dont la réforme militaire, accomplie au lendemain d'Iéna, est, ironie suprême ! l'œuvre de Napoléon Iᵉʳ. En imposant au vaincu l'entretien d'une armée réduite, il lui suggéra l'idée du service à court terme qui permettait de faire passer rapidement toute la jeunesse valide sous les drapeaux. Et cependant la réorganisation, dont un simple lieutenant-colonel roturier, Scharnhorst, fut l'âme, était combattue par tous les militaires :

« Pourquoi, disaient les opposants, forcer des étudiants, des lettrés et autres individus n'ayant, par suite de leur éducation, ni goût ni aptitude physique pour l'état militaire, à faire de médiocres soldats, alors qu'ils pourraient introduire dans l'armée, à leur place, de robustes paysans, des militaires de profession qui y trouveraient leur bénéfice et rendraient de bien meilleurs services ? L'incorporation de tout le contingent fournirait plus d'hommes qu'on n'en pourrait encadrer ; et puis, surtout à une époque troublée, n'est-il pas essentiel d'exempter du service militaire certaines classes de citoyens, certaines catégories de fonctionnaires dont il est urgent de consacrer les privilèges sous peine de laisser s'introduire, dans la nation, de dangereuses et subversives idées d'égalité ? » Ces sophismes ont trouvé bien souvent de l'écho dans nos assemblées, même après notre écrasement de 1870. Le bon sens populaire en a fait justice et, bien que les opposants n'aient pas désarmé, notre esprit d'équité démocratique a fait adopter le service de trois ans en 1889 et celui de deux ans en 1905. Il n'y a plus à y revenir.

Il est de toute évidence que la constitution de notre armée de

---

(¹) La loi de recrutement de l'an VI, dite *loi Jourdan*, du nom du futur maréchal, qui en fut rapporteur, maintint le remplacement, qui fut supprimé seulement par la loi du 28 juillet 1872.

défense nationale ne nous permet plus d'entreprendre de guerres partielles. L'auteur de *L'Armée et la Démocratie* l'a parfaitement démontré et c'est, à son avis, la déchéance de la France.

Il est permis d'exprimer l'opinion contraire.

Faudrait-il donc regretter que notre gouvernement ne puisse engager le pays dans des entreprises auxquelles manquerait l'assentiment général, pour de vagues intérêts tels que le maintien de l'*équilibre européen*?

Qu'a gagné la France à l'expédition de Crimée ?

Commencée sans but précis, sous prétexte de régler la *question d'Orient* (autre cauchemar des diplomates), mais en réalité pour consolider la dynastie napoléonienne, la guerre de Crimée débute par la campagne désastreuse de la Dobrutscha où le choléra nous enlève 10 000 hommes avant que nous ayons tiré un coup de canon. Elle se poursuit par le siège de Sébastopol, qui exige l'envoi de plus de 200 000 Français dans la Chersonèse et nous coûte 95 615 morts [1] ; et pour quel résultat ? Si nous rapprochons ce total de celui fourni par les pertes de l'armée allemande, en 1870-1871, qui se chiffrent à 28 623 tués ou morts de leurs blessures et 11 732 décès pour cause de maladie, nous constatons avec stupeur que les campagnes de 1864, 1866 et 1870-1871 ont fait perdre aux armées de Guillaume Ier moins de 50 000 officiers et soldats, tués ou morts tant de leurs blessures que de maladies. On conviendra que la grandeur de l'empire d'Allemagne a été achetée à bas prix, si l'on compare ce total à celui de nos pertes pendant la seule campagne de Crimée ! Que serait-ce si nous ajoutions la somme de toutes les vies françaises sacrifiées en holocauste au *Dieu des batailles,* sous le règne de Napoléon III, sans but comme sans profit pour le pays !

Mais la France n'est pas seulement une puissance continentale. Elle possède un vaste empire colonial que la République actuelle a considérablement agrandi.

Ce n'est pas notre armée de la défense nationale qui peut le garder. Elle a, il est vrai, contribué à sa conquête avec des contingents du service de cinq ans (Tunisie, 1881, Tonkin, 1885)

---

[1] *Revue militaire de l'Étranger*, publiée par le ministère de la guerre, t. III, p. 164.

et du service de trois ans (Madagascar 1895) et c'est, précisément, cette participation des troupes métropolitaines aux expéditions hors d'Europe qui, en raison des pertes qu'elles ont subies, a rendu notre politique coloniale impopulaire en France.

L'adoption du service de deux ans supprime pour l'avenir toute possibilité d'employer aux colonies des unités recrutées par voie d'appel. C'est dans ce but que des troupes d'infanterie et d'artillerie coloniales ont été créées et confiées au ministre de la guerre. Ces troupes, nous les avons, et, chose invraisemblable à constater, nous les gardons à faire du « service de place » à Paris et dans les ports. Pourquoi les conserver en France et les détourner de leur destination essentielle qui est de prendre part aux expéditions hors d'Europe ? Elles ont un recrutement spécial : volontaires et rengagés de goûts aventureux. La raison qui a, jusqu'ici, empêché le gouvernement d'envoyer des coloniaux dans les ports marocains et sur la frontière oranaise, c'est que certains parlementaires estiment qu'ils doivent rester en France pour renforcer notre mobilisation générale, le cas échéant : « C'est à l'Est que l'on doit faire face, a-t-il été affirmé à la Chambre, et c'est cela qui rend nécessaire la fusion des coloniaux dans l'ensemble des forces nationales. »

Il y a là une confusion d'idées qui, en dépit du bon sens et des principes qui ont réglé l'organisation de nos forces nationales, en bouleverse toute l'économie. Nous allons le démontrer. Il faut à la France, nous l'avons dit, puissance métropolitaine et puissance coloniale, deux armées, l'une du service obligatoire, l'autre armée de métier. Étant différemment recrutées, elles sont absolument différentes d'esprit, de caractère, de mœurs et de tempérament. Ces deux armées, nous les possédons, mais nous n'avons pas l'air de nous en douter.

L'armée de la défense nationale est une école d'instruction obligatoire pour tous les citoyens appelés à défendre la Patrie, mission, disons-le en passant, qui n'a rien de commun avec l'idée de *défensive,* car c'est bien au contraire l'*offensive,* seule, qui assure le succès à la guerre ; tous nos règlements proclament cette vérité et, comme l'élite intellectuelle du pays passe tout entière sous les drapeaux, l'application en sera d'autant plus facile et la discipline de combat d'autant mieux comprise, en vue de la guerre en Europe. Il est évident que le soldat du service obligatoire, s'il a des devoirs formels et précis dont le principal est de sacrifier sa vie quand il faut, a aussi des droits; il doit être traité avec les égards qu'il mérite et l'*éducation militaire,* terme ignoré de nos devanciers, a remplacé le *caporalisme* (le *Drill* des Allemands). Le colonel Ramollot se fait rare, s'il n'a pas disparu.

Mais l'armée coloniale, c'est l'armée d'ancien régime, celle que regrettait Rogniat; ses soldats sont instruits et, si vous les soumettez pendant quinze ans au programme d'instruction intensive du service de deux ans, ils disparaîtront tous. Alors qu'en fait-on dans les garnisons de France?

A un autre point de vue, il faut faire flèche de tout bois et l'opinion suivante du général Grandin (¹) est digne d'être méditée :

« ... Une bonne armée au point de vue de la guerre serait celle qui réunirait la lie des populations commandée par l'élite. Ce système permet de canaliser les mauvais instincts dans des voies de relèvement, de les dompter, d'en purger le pays; ceux qui les commandent peuvent trouver des satisfactions intimes à se vouer à cette haute mission, presque évangélique...

« L'élimination des vieux soldats a fermé le débouché de la carrière militaire à certaines natures rebelles qui, naguère, trouvaient leur emploi dans l'armée, au milieu des aventures et des dangers qui servaient de soupape à leurs débordements; il existe évidemment une certaine corrélation entre l'augmentation considérable de la criminalité parmi les jeunes gens et la suppression des engagements à long terme. Les régiments d'autrefois faisaient de l'orthopédie cérébrale... La greffe de l'honneur et de la discipline sur des abandonnés, des vagabonds, des candidats au bagne, a opéré plus de sauvetages que le régime des maisons de correction... et permettait de capter des sauvageons issus de l'éducation moderne et de les transformer en hommes utiles à la Patrie et braves à la guerre. »

De tout temps les « fortes têtes » ont été estimées comme « chair à canon ». Le général Curély, envoyé en Espagne comme

---

(¹) *Dix-huit ans de généralat.*

chef d'escadron du 20e chasseurs, le 22 février 1811, dit dans ses mémoires [1] : « Au moment où je reçus du ministre l'ordre de partir avec le 2e escadron pour me rendre en Espagne, le colonel était en congé et je commandais le régiment. L'ordre portait que les deux compagnies formant le 2e escadron seraient mises à l'effectif de 200 hommes. Je choisis dans les compagnies qui restaient… tout ce qu'on appelle communément les fortes têtes ou plus généralement les mauvais sujets. J'étais bien persuadé… qu'ils feraient de bons soldats. Je ne fus pas déçu dans mon attente. »

Est-ce à dire que des hommes de moralité suspecte soient supérieurs aux honnêtes gens, comme combattants? Loin de là. Ces derniers sont indispensables pour encadrer les autres. Les soldats disciplinés et dévoués ne manquent pas parmi les soldats de métier ayant le goût de l'action et l'esprit d'aventure, avec l'ambition de se distinguer. Toutes nos campagnes en donnent la preuve, et les plus récentes, Madagascar, Chine, Maroc, ont provoqué des rengagements dans tous les corps qui y ont pris part. Mais des tares morales ne doivent pas être une cause d'exclusion, et les nombreux chenapans qui ont fourni dès l'origine et fournissent encore un important appoint au recrutement de la légion étrangère ont, tout en donnant forte besogne aux parquets militaires, superbement collaboré aux fastes héroïques de ce corps. Mais autant les qualités d'énergie et d'endurance de cette classe d'hommes les rendent utiles en campagne, autant il faut se garder de les laisser moisir dans les garnisons de France, où la conduite fâcheuse de quelques énergumènes compromet le bon renom de tous et alimente les journaux de « faits divers » sous la rubrique : *Les apaches coloniaux.*

Or, ce que nous avons le droit d'appeler *l'armée coloniale* ne comporte pas seulement nos anciens régiments d'infanterie et d'artillerie de marine. Il faut y comprendre toutes les troupes qui ne se recrutent pas par voie d'appel : tirailleurs algériens, sénégalais et soudanais [2], les spahis et la légion étrangère, aux-

---

[1] *Le général Curély,* par le général THOUMAS. Paris, Berger-Levrault, 1887.

[2] En un mot, toutes les troupes indigènes qui peuvent être tirées des colonies où elles sont recrutées, quand leur effectif dépasse les conditions exigées pour la défense locale.

quelles il y aura lieu d'ajouter les zouaves et les chasseurs d'Afrique qui reçoivent encore un contingent annuel de recrues envoyées de France, alors que la vieille et glorieuse réputation de ces régiments leur permettra facilement de compléter leur effectif au moyen d'engagements et de rengagements. D'ailleurs, les hommes du contingent algérien augmentent chaque année, contrairement au contingent métropolitain, qui décroît périodiquement. La population algérienne s'accroît tant par l'augmentation des naissances françaises que par la naturalisation automatique des Espagnols, des Italiens et des Maltais, voire même par celle des Arabes, quoique ces derniers soient retenus par des scrupules religieux.

Mais la première réforme qui s'impose, indiquée par le bon sens, c'est de ne plus soumettre aux mêmes règlements de service intérieur et d'administration des troupes recrutées dans des conditions non seulement différentes, mais contradictoires. C'était une hérésie, dans l'ancienne armée, d'appliquer une règle unique aux jeunes soldats du contingent et aux vieux troupiers, remplaçants et rengagés, auxquels ils étaient mêlés. Aujourd'hui, la situation est renversée : notre Code militaire s'est adouci, ainsi que les moyens de répression disciplinaires (admission de circonstances atténuantes pour tous les délits, application du sursis, etc.); le droit de punir a été restreint. L'*éducation militaire*(¹) dont nos anciens règlements ne faisaient même pas mention est, à juste titre, inscrite en première ligne dans les nouveaux. L'importance du rôle social de l'officier n'est plus contestée et sa mission d'instructeur s'est haussée à celle d'éducateur d'âmes, chargé de transformer la recrue fruste, ignorante, parfois même pervertie par la propagande antimilitariste, non seulement en un soldat apte à défendre la Patrie, mais encore en un citoyen actif, conscient de ses droits et de ses devoirs. Il est incontestable que les nouvelles méthodes ont, considérablement et sous tous les rapports, amélioré la condition du soldat, traité plus humainement et plus hygiéniquement, mieux nourri, mieux couché, alors qu'en même temps la durée du service a été réduite.

____

(¹) Ignorée de nos devanciers, cette expression a été introduite pour la première fois dans nos règlements par celui du 20 octobre 1892 sur le *Service intérieur*.

Mais appliquer aux corps recrutés de soldats de métier, de mercenaires, toutes les atténuations admises, à juste titre, en faveur des hommes du service obligatoire dans l'armée-école, c'est un contresens absolu. Dans des troupes composées d'éléments aussi variés, de races différentes, d'individus de mœurs et de mentalité diverses, c'est une absurdité. Il faut, dans l'armée de métier, que les chefs de corps et d'unités soient armés de pouvoirs spéciaux, afin de maintenir la discipline. En Afrique comme aux colonies, les punitions réglementaires sont d'autant plus insuffisantes qu'elles sont généralement inapplicables faute de prisons, cellules et autres locaux disciplinaires. Pour mater les révoltés, ceux qui refusent de marcher, qui vendent leurs cartouches et leurs armes, s'enivrent et mettent la vie de leurs camarades en danger, la *barre,* le *tombeau,* la *crapaudine,* le *silo* et autres moyens coercitifs, non prévus par le législateur français, ont été et seront fatalement toujours appliqués. Tous les corps à recrutement spécial ont des *sections de discipline* et ne peuvent s'en passer. Les *pelotons de punition,* qui n'avaient jamais eu d'existence légale, ont été, à justre titre, supprimés dans nos régiments. Ils sont souvent nécessaires en dehors de France.

Il en est de même des punitions collectives : elles étaient d'un usage courant dans l'ancienne armée. En cas de faute grave commise par plusieurs hommes et de concert, les généraux consignaient tout un régiment ou *l'appointaient* d'exercices supplémentaires, *jusqu'à nouvel ordre.* Il était de règle, lorsqu'un homme « manquait aux appels », de priver de permissions toute la compagnie jusqu'à la rentrée du délinquant, et, quand un soldat avait découché en escaladant les murs du quartier, la fraction dont il faisait partie devait fournir des factionnaires de nuit au point où il avait franchi la clôture. Le but de ces punitions collectives était de forcer les camarades à sévir eux-mêmes contre les délinquants et à en faire justice par l'emploi de châtiments traditionnels que les chefs faisaient semblant d'ignorer : sauter en couverte, passer à la courroie, aux baguettes, à la savate, monter la faction au baquet, etc. Le coupable gardait un souvenir cuisant de tels sévices et ne recommençait pas; d'autre part, certains hommes enclins à manquer aux appels étaient gardés à vue et, s'ils s'évadaient, recherchés par les camarades. Ces pratiques ne devraient plus être de mise dans l'armée du service obligatoire; les hommes y sont trop occupés et trop nombreux pour pouvoir se connaître tous ; les obligations de l'instruction intensive ont fait avec juste raison supprimer quantité de plantons et de factionnaires, toutes les portes sont largement ouvertes pour donner passage aux fractions et aux isolés chargés de missions individuelles; tous les exercices se font au dehors : les manèges, gymnases, pistes d'entraînement, stands, terrains pour les travaux de campagne, etc., sont situés à l'extérieur. Il est donc souverainement injuste de rendre de bons soldats, qui ont laborieusement peiné toute la semaine, responsables de la fuite d'un « employé » qui aura déserté son atelier ou son bureau.

Tout au contraire, dans une unité qui compte un nombre considérable de vieux soldats, ceux qui donnent le bon exemple doivent prendre une légitime autorité sur les camarades ; leur action peut être utile à la discipline, en empêchant certaines fautes, ou en les réprimant sans l'intervention des gradés. Il n'y a pas de règle à indiquer dans cet ordre d'idées : c'est affaire de tact, de la part des chefs de corps et d'unités, de tolérer ces pratiques ou de les interdire selon les « espèces » qu'ils doivent connaître toujours, mais feindre parfois d'ignorer.

Quant à l'instruction militaire, son but, commun aux deux armées, est de transformer l'homme en combattant adroit et solide, mais son cours doit y être réglé différemment.

Dans l'armée du service obligatoire, le programme s'étend sur deux années scolaires qu'il faut employer à instruire le soldat, non pas uniformément, mais *selon ses moyens et ses aptitudes,* afin de ne pas lui laisser croire qu'il en sait assez après sa première année, au retour des manœuvres, et que la loi, en lui en imposant une deuxième, exige de lui un sacrifice aussi lourd qu'inutile. On ne saurait trop se mettre en garde contre une tendance commune à beaucoup de généraux de pousser hâtivement l'instruction, ce qui non seulement engendre le surmenage, mais aussi l'ennui et le dégoût, quand le soldat recommence sans cesse des exercices dont tout intérêt est absent.

Dans l'armée de métier, la situation est tout autre. Les troupes d'infanterie et d'artillerie coloniale comptaient encore, il y a quelques mois, 26 000 rengagés et 10 000 engagés. Ce nombre est doublé si l'on y ajoute les régiments de tirailleurs et de spahis, la légion étrangère et les engagés et rengagés des zouaves et des chasseurs d'Afrique. La plupart sont des soldats instruits. Les recrues sont en petit nombre et les *classes* ne peuvent être poursuivies dans chaque unité. Quelques officiers et gradés subalternes y suffisent dans chaque corps, et les méthodes d'instruction doivent être différentes selon qu'elles s'adressent à des nationaux ou à des hommes de races et de langues diverses. Si, après deux années de service, nos réservistes conservent l'empreinte de l'éducation et de l'instruction militaires reçues pendant leur temps d'activité, comment peut-on douter de l'aptitude des anciens soldats qui n'ont pas quitté le rang? Il ne faut donc pas les dégoûter de leur profession par la fastidieuse répétition d'exercices connus : qu'on les tienne en haleine par des marches d'entraînement, des manœuvres à double action, des concours de tir, etc., rien de mieux; qu'on perfectionne leurs aptitudes individuelles par la pratique de *sports* (¹) divers : gymnastique, courses, natation, escrime, jeux de plein air, etc., il restera néanmoins bien des journées libres dont les hommes pourraient mal disposer.

Là encore s'accuse une différence capitale dans l'emploi du temps pour nos deux armées.

Celle du service obligatoire doit le consacrer exclusivement à son éducation et à son instruction militaires. Aussi, tout ce qui concerne les services hors rang, travail aux ateliers, réparations et entretien du casernement, manipulation des approvisionnements en magasin, des collections d'armes et d'effets de la réserve et de l'armée territoriale, alimentation (cuisines, mess, cantines et sociétés coopératives, etc.), ainsi que tout le personnel des

---

(¹) C'est ainsi que les Anglais développent la hardiesse et la vigueur de leurs soldats dans les garnisons d'outre-mer ; ils assurent l'entraînement des troupes de toutes armes, rationnellement et hygiéniquement, au moyen de jeux variés auxquels les hommes prennent d'autant plus de goût que des prix en argent sont la récompense des vainqueurs.

bureaux devrait être fourni par des hommes des services auxiliaires, non combattants. Mais ils sont en nombre insuffisant et il
faudra inévitablement recourir à la main-d'œuvre civile et supprimer, tôt ou tard, les ateliers régimentaires (¹).

Tout au contraire, les soldats de métier ont du temps à perdre ;
de plus, hors de France, les corps, ne disposant que de leurs
propres ressources, doivent pouvoir exécuter toutes sortes de travaux : construire des abris, des baraques et même des maisons,
selon les matériaux à portée, créer et cultiver des jardins pour
se procurer des légumes et des fruits, tracer et entretenir des
routes, creuser des puits et des canalisations pour l'arrosage,
entretenir un troupeau, etc. Rien de nouveau dans ces pratiques
qui ont été imposées à l'armée d'Afrique dès les premiers temps
de l'occupation et y sont encore indispensables ; elle y a réalisé
d'immenses progrès, sans coûter un sou à l'État (²).

Voilà de quoi occuper nos rengagés plus utilement qu'à « placer des revues de détail » quotidiennes où ils présentent des

---

(¹) Dans la Garde impériale, sous le second Empire, les corvées des cours, latrines,
locaux disciplinaires, etc., étaient faites par des salariés civils, généralement des vieillards
ou des miséreux ; chaque unité (compagnie, escadron ou batterie) avait son balayeur
auquel elle assurait une gamelle à chaque repas et un sou par homme le jour du prêt.
Ces « civils » allaient porter les gamelles dans les corps de garde et les postes extérieurs, les rapportaient après le repas, etc. Leur emploi était sans doute enviable, car
les postulants étaient nombreux et le choix des titulaires facile.

(²) Ces procédés, dont le résultat merveilleux est facile à constater sur place, ont
été condamnés et interdits cependant, en 1895, par un ministre de la guerre, M. Cavaignac. Le contrôle ayant découvert que ces travaux, dus à la main-d'œuvre militaire,
étaient alimentés par des *masses noires* entraînant une *comptabilité occulte*, les a dé-
noncés comme attentatoires aux règlements administratifs. Il n'y avait là rien de caché ;
tout se faisait au grand jour, pour l'amélioration des ordinaires et des conditions hygiéniques, dans l'intérêt de nos hommes. Mon régiment occupait trois postes dont chacun
possédait de grands jardins, bien arrosés au moyen de bassins de retenue et de canaux
d'arrosage. Tous les légumes de France y étaient cultivés, des arbres forestiers d'Europe, des orangers, des figuiers, des treilles formant berceau avaient créé de verdoyantes
oasis au milieu de la plaine desséchée. Comme nous récoltions beaucoup plus de légumes
que nos hommes — bien mieux nourris qu'en France, avec un *quart* de vin à chaque
repas — n'en pouvaient consommer, le surplus était vendu au marché et remis au commandant du poste, qui encaissait les recettes et les partageait entre les escadrons pour
l'achat des semences, des outils et ustensiles nécessaires. Bien loin d'avoir détourné
l'argent de l'État, les officiers s'ingéniaient à embellir sa propriété, contribuant de leur
bourse, ou quêtant au loin chez des colons, leurs amis, des graines, plants et boutures.
Tous les régiments d'Afrique ont ainsi réalisé des merveilles. La plupart des antiques
qui ornent nos musées ont été mis au jour par nos soldats. A Sousse, les mosaïques de
la salle d'honneur du 4ᵉ tirailleurs font l'admiration des touristes.

brodequins dont les clous brillent, astiqués et polis sur la semelle cirée ! Tous ces « employés » n'en resteront pas moins des soldats entraînés, cocardiers, fiers de leur régiment, imbus de l'*esprit de corps* et seront heureux d'avoir contribué personnellement, pour un mince salaire, à une œuvre utile et durable.

Qu'on ne s'y trompe pas : le maintien en France des régiments coloniaux constitue un danger, celui de tarir la source des engagements et des rengagements. Leur nombre diminue de jour en jour. La séduction suprême qu'exerce, sur les hommes qui ont un goût déterminé pour la vie militaire active, l'espoir de faire campagne disparaissant, ils disparaîtront aussi et ne seront pas remplacés. S'il est vrai que la fonction crée l'organe, la réciproque est également vraie et l'absence de fonction l'atrophie. Il est temps d'y veiller. *Caveant consules!*

La raison, déjà mentionnée, du maintien en France des coloniaux a été invoquée en 1905 au moment de la tension politique amenée par les événements qui nous ont conduits à la conférence d'Algésiras. Elle ne saurait persister jusqu'à la solution définitive de l'imbroglio marocain. Si notre action militaire doit être poursuivie, leur place est en Algérie, où ils se trouveront à pied d'œuvre. Ils y seraient encore bien plus nécessaires si nous abandonnions notre entreprise avant d'avoir pacifié le pays et obtenu satisfaction ! Notre longanimité serait qualifiée de reculade et nous verrions les populations musulmanes qui nous sont soumises s'insurger, tôt ou tard, contre le *roumi* qu'elles ne respectent que si elles le sentent fort.

Les partisans de l'intervention des troupes coloniales au début d'une guerre franco-allemande commettent une seconde erreur quand ils rêvent de confier, exclusivement ou peu s'en faut, la garde de nos colonies aux troupes indigènes pour lesquelles a été adopté le service à court terme avec le passage des libérés dans la réserve. Ce système fonctionne déjà en Indo-Chine. Il n'y a pas à en douter : le jour où les troupes blanches ne seront plus en nombre suffisant pour les encadrer, nous ne pourrons plus compter sur nos soldats indigènes ; quant aux réservistes, ils formeront dans les rangs des insurgés l'élément le plus redoutable. Il n'y a pas à s'y tromper : tous les vaincus, qu'ils soient blancs, jaunes ou noirs, haïssent leur vainqueur et ne lui obéissent qu'autant qu'il garde le prestige de la puissance et dispose de moyens de répression immédiate pour l'appuyer.

Bien mieux : l'idée de soumettre nos sujets algériens à la conscription est déjà lancée ! On ne peut rêver de conception plus dangereuse.

Nos tirailleurs et nos spahis sont d'excellents soldats, à condition d'être maintenus sous les drapeaux jusqu'à l'âge de la retraite. Ils deviennent alors des rentiers, preuves vivantes de ce qu'on gagne à bien servir la France, lui sont dévoués et sont utiles à son influence en raison de la considération dont ils jouissent. Tout autre est la situation du jeune soldat indigène ; ses coreligionnaires le maudissent comme faux frère et semi-apostat ; s'il retourne à son douar après quelques années d'engagement, il retrouvera sa misère passée, augmentée du mépris public. Cette crainte le fixe dans une ville où il s'emploie comme portefaix, c'est un déclassé. Pour regagner l'estime des musulmans, il lui faut exagérer les manifestations d'hostilité à notre égard. Vouloir appliquer la conscription aux indigènes, c'est un rêve saugrenu. D'abord l'état civil n'existe pas pour eux. Les nomades n'ont qu'un prénom et ne se distinguent en rien les uns des autres, étant uniformément couverts d'une chéchia graisseuse et d'un burnous sale. Les réfractaires, nombreux, seraient introuvables. Ceux que nous aurions libérés, après les avoir instruits, seraient tout prêts à fournir à l'insurrection une force redoutable. Il faut être dénué de toute connaissance des Arabes et de la mentalité musulmane pour se figurer qu'on peut tirer, de la population indigène, des réservistes appelés à combattre leurs congénères. L'impuissance de l'autorité française encouragerait la désobéissance, prélude de la lutte. La soumission, aujourd'hui obtenue des populations arabes et kabyles, serait remise en question. Tout au contraire, l'organisation actuelle des tirailleurs et des spahis, en offrant aux indigènes l'appât d'une carrière, conforme à leurs goûts et sûre, nous permet, à volonté, d'augmenter leur effectif, quand le besoin s'en fait sentir. De même, il nous est toujours possible de lever des goums qui, sous la conduite de caïds qui nous sont dévoués, en raison de leur intérêt, et dirigés par les officiers des « affaires indigènes », continueront de nous rendre les meilleurs services.

Il est vrai que les indigènes tunisiens acceptent le service obligatoire que nous avons trouvé établi par le bey, vingt ans avant notre protectorat. Mais la loi du 15 redjeb 1276 — août 1861 — toujours appliquée et comportant le service de deux ans, est une loi d'ancien régime. Elle admet une foule de dispenses et d'exemptions, ainsi que le remplacement. Elle ne s'applique qu'aux fellahs et, comme il n'existe pas d'état civil pour les indigènes, les hommes du contingent sont désignés arbitrairement par les cheiks, qui ne présentent que des malheureux, parfois des enfants ou des vieillards, qu'ils remplacent par d'autres plus aptes, quand nos médecins militaires les refusent. Tel est l'esprit de soumission des fellahs aux exigences de l'autorité beylicale qu'ils ne réclament pas, sachant d'ailleurs que leur plainte ne serait pas entendue. Les Tunisiens incorporés au 4e tirailleurs et au 4e spahis sont bons soldats pendant leur temps d'activité, mais il ne faut pas compter sur eux comme réservistes. Le général Dechizelle, qui fut colonel du 4e tirailleurs de 1889 à 1899, m'a bien souvent répété que les 1200 à 1500 hommes qu'il libérait chaque année seraient pour nous de redoutables adversaires, en cas d'insurrection.

En résumé, nos troupes d'infanterie et d'artillerie coloniales augmentées de l'armée d'Afrique forment dès maintenant une armée de métier solide et prête à marcher, à laquelle il suffit d'ajouter les fractions nécessaires du génie, du train et des différents services, recrutées au moyen d'engagements et de rengagements, ainsi que les zouaves et les chasseurs d'Afrique dont il faut exclure les recrues appelées de France. Nous aurons alors une force homogène, acclimatée, entraînée, dont nous disposerons en tout temps pour toutes les éventualités. En cas de guerre européenne, l'amitié de l'Angleterre nous assurant la liberté de la Méditerranée, nous pourrons, selon les circonstances, tirer d'Algérie un corps d'armée solide qui, sur les champs de bataille de l'Europe centrale, représenterait, selon l'expression du général Trochu [1], « *une réserve d'élite.* »

---

[1] *L'Armée en 1879.*

Mais il est urgent d'organiser rationnellement les ressources que nous possédons : elles donneront tout ce qu'elles peuvent donner si nous les employons normalement, selon les qualités qu'elles possèdent et selon la destination à laquelle elles doivent être préparées. En maintenant la confusion actuelle amenée par les circonstances, en ne conformant pas les moyens au but auquel ils s'adaptent, nous irions à la faillite de toute notre organisation militaire si du domaine des idées le désordre continuait de se propager dans les actes.

IV

LE PROTECTORAT TUNISIEN

La France, en contact intime avec l'Islam depuis trois quarts de siècle, est mieux qualifiée qu'aucune autre puissance pour pacifier le Maroc. Les enseignements qu'elle peut tirer de sa propre histoire (conquête algérienne depuis 1830, et établissement de notre protectorat en Tunisie depuis 1881) permettent de tracer, en connaissance de cause, le plan des réformes qui feront cesser l'anarchie marocaine au grand avantage des habitants du Maghreb et du monde civilisé. Nous possédons l'instrument nécessaire : c'est notre armée coloniale dans laquelle nous comprenons le 19ᵉ corps d'armée et la division d'occupation de Tunisie.

Si la conquête de l'Algérie nous a coûté de trop grands sacrifices en hommes et en argent, c'est qu'elle a duré près d'un demisiècle, en raison de l'incertitude du but que s'était proposé le gouvernement de Charles X et de la politique hésitante de celui qui lui a succédé. Faute d'un plan arrêté, lésinant sur les moyens nécessaires à l'établissement définitif de notre domination, nous avons fait école sur école. Mais si nos fautes ont été chèrement payées, nous avons aussi gagné de l'expérience. L'occupation de la Tunisie en donne la preuve, car elle s'est effectuée presque sans coup férir (¹). Ce succès n'est pas dû, comme on le croit communément, à l'indifférence religieuse des indigènes tunisiens. Ils sont tout aussi fervents que leurs coreligionnaires algériens ; mais nous avons conservé les cadres de l'autorité beylicale, à la fois religieux et politiques comme dans tous les États musulmans. Puis, progressivement, nous avons régularisé l'action des pou-

---

(¹) L'assaut donné à Sfax (15 et 16 juillet 1881) nous coûta 21 tués, dont 1 officier et 71 blessés, dont 3 officiers ; 800 cadavres arabes furent retrouvés dans la place. La surprise de la colonne Corréard à El Arbain, le 25 août, et sa retraite jusqu'au 28 lui firent perdre 25 tués dont 2 officiers, et 35 blessés dont 1 officier. Ce furent les deux rencontres les plus sérieuses de la campagne.

voirs constitués en limitant sagement l'autocratie du souverain qui s'intitule « Possesseur du royaume de Tunis » et nous avons transformé, avec les ménagements indispensables pour ne pas choquer les usages et les mœurs, toutes les institutions, par l'application des idées françaises d'humanité, de justice et de droit. Il eût été indigne de la France de maintenir l'arbitraire, l'ignorance et la concussion qui sont *instrumenta regni* dans tous les États musulmans autonomes. Le représentant de la France à Tunis possède l'autorité effective puisque les lois et décrets beylicaux ne peuvent recevoir leur exécution qu'après avoir été contresignés par notre ministre, mais il se tient effacé dans l'ombre du souverain auquel ses sujets obéissent fidèlement. De même dans toutes les branches de l'administration, les agents français dirigent tous les services à titre de contrôleurs, de conseillers, et laissent en évidence les titulaires musulmans (ouzir, moudir, cadi, caïd, cheik, kalifa, oukil, kabet, amin, etc.) en contact avec les indigènes. Tous les Tunisiens y trouvent leur compte, depuis le bey jusqu'au dernier des contribuables.

Avant l'occupation française, le bey ne pouvait se procurer de l'argent qu'à main armée. Quand la récolte avait été satisfaisante, il donnait ordre au *bey du camp* (¹) de lever un tribut de telle somme sur les tribus d'une région désignée ; celui-ci partait à la tête d'une armée et pressurait le territoire parcouru pour la faire vivre. Si le bey demandait un million, son mandataire en demandait deux pour se payer, lui-même et ses principaux officiers, des risques de l'aventure. Nombreux, en effet, sont les généraux beylicaux assassinés au cours de ces exécutions, pour avoir tondu le fellah de trop près. Depuis l'accord établi par le traité du Bardo, Mohamed-Sadok et ses successeurs ont trouvé avantage à percevoir chaque mois les 100 000 francs de la liste civile, et le contribuable n'est pas moins satisfait d'échapper au pillage légal des garnisaires ; il paie sans difficulté ses contributions directes et indirectes. La prospérité financière toujours croissante de la Tunisie est une « leçon de choses » singulièrement frappante.

Mais au début de la campagne de Tunisie, l'armée beylicale

(¹) Généralement l'héritier présomptif, frère ou neveu du Bey régnant.

(dont les *tabors* d'Abd-el-Azis donnent une image assez ressemblante), qui devait nous servir d'auxiliaire, après notre accord avec le bey, connu sous le nom de traité du Bardo (13 mai 1881), se débanda. Nous pûmes cependant dès octobre recruter, parmi ses anciens soldats, une *compagnie franche* qui fut employée à parcourir la Régence pour réprimer le brigandage et familiariser les tribus avec l'occupation française. Cette troupe mixte, commandée par le capitaine Bordier, comprenait une compagnie d'infanterie, un peloton de cavalerie et une section d'artillerie. Les résultats ayant été excellents, il en fut formé cinq nouvelles, en août 1882, qui, ainsi que la première, prirent le nom de *compagnies mixtes*. Une loi du 31 décembre 1882 les porta au nombre de douze en les dédoublant; puis fantassins et cavaliers furent séparés, en exécution de la loi du 27 juillet 1886, pour former respectivement le 4ᵉ tirailleurs et le 4ᵉ spahis.

Sans vouloir identifier la Tunisie et le Maroc, il est permis d'affirmer qu'il nous serait possible de former dans ce dernier pays un organisme analogue pour pacifier le pays; et c'est nécessaire, car on ne peut imposer l'ordre et la règle aux musulmans qu'en tirant de leur milieu les agents d'exécution qui devront les réduire à l'obéissance et les maintenir ensuite dans la soumission.

C'est pour avoir tout ignoré des Arabes que nous avons mis si longtemps à conquérir l'Algérie, comme l'écrivait, six ans après la prise d'Alger, un officier d'état-major, le capitaine Pélissier de Reynaud, qui fut l'organisateur et le chef du premier bureau arabe :

« On s'est repenti plus d'une fois, depuis 1830, d'avoir expulsé tous les Turcs et l'on a reconnu, mais trop tard, que ces hommes auraient pu nous rendre de grands services. *Ils désiraient presque tous se mettre à notre solde.* Je tiens de plusieurs indigènes qu'après l'explosion du fort L'Empereur, ils disaient publiquement que sans doute le roi de France avait un trésorier comme le dey d'Alger et que son argent en valait bien un autre (¹). »

En effet, il existait à Alger une milice d'origine turque, aux

---

(¹) *Annales algériennes.*

ordres de l'aga : spahis, makalia et zemoul, qui formaient de véritables tribus militaires, dont les caïds étaient nommés par le dey sur la présentation de l'aga. Le général de Bourmont, à son entrée à Alger, destitua l'aga qui nous avait combattus et eut la malencontreuse idée de le remplacer par un notable tiré de la classe pacifique des négociants : « Un Arabe se soumettra à un Français, parce qu'il reconnaîtra au moins en lui le droit du plus fort ; mais vouloir qu'il obéisse à un citadin, à un marchand, c'est une humiliation qu'il repoussera de toute la force de son âme. Le nouvel aga n'avait rien qui pût faire oublier la double tache de son origine et de sa profession. Il était d'une avidité révoltante, d'une bravoure plus que suspecte et d'une improbité peu équivoque. Ensuite il ne connaissait pas le pays, car les Maures d'Alger sortent rarement de la banlieue de cette ville. C'est à leurs conseils qu'est due l'une des plus funestes mesures prises par le commandement : l'expulsion des Turcs et la mise sous séquestre de leurs biens, au mépris de la capitulation (¹). »

Pour juger la portée de la faute commise à Alger, il suffit de rappeler que les Turcs et Coulouglis qui occupaient Tlemcen en 1830 s'enfermèrent dans le Méchouar dont ils restèrent six ans les maîtres, séparés du reste du monde, avec 400 fusils pour 800 hommes, et livrés à Abd-el-Kader par l'aveugle complicité de la France. Ayant résisté aux attaques de vive force, aux privations d'un long blocus et à la séduction de l'émir, ils n'ouvrirent leurs portes qu'en 1836, au général Clausel. Passés à la solde de la France, ils lui furent toujours fidèles.

(¹) *Annales algériennes.*

V

LES MAGHZEN (¹)

Les défenseurs de Tlemcen n'étaient pas les seuls éléments dont nous pouvions disposer : Oran, qui nous ouvrit ses portes dès la prise d'Alger par nos troupes, possédait une force armée toute prête à se donner à la France. C'était le *maghzen,* dont pendant cinq ans nos généraux refusèrent les services, loyalement offerts, qui nous devinrent si précieux !

Deux tribus maghzen, les Douair et les Smela, maintenaient les Arabes de la province d'Oran sous la domination turque représentée par un bey de cette nation.

Si, dès le mois d'août 1830, le maréchal de Bourmont avait accepté leurs services, le parti religieux, représenté par le marabout Maheddine et son fils Abd-el-Kader, eût été arrêté à sa première manifestation, et la conquête de l'Algérie réalisée vingt ans plus tôt, en nous épargnant des désastres comme ceux de la Macta et de Sidi-Ibrahim.

Les tribus maghzen fournissaient les cadres de l'administration dans la Régence, devaient le service militaire et faisaient la police des tribus. En 1830, deux principales tribus maghzen, venues du

(¹) L'institution des *maghzen* remonte aux frères Barberousse, Baba-Aroudj et Kraïn-ed-Dinn, célèbres corsaires dont l'aîné s'empara d'Alger en 1516 et détrôna le cheik arabe qui l'avait appelé à son aide contre Charles-Quint. Vaincu et tué à Tlemcen, en 1613, par les Espagnols, Baba-Aroudj fut remplacé par son frère qui fit reconnaître sa souveraineté par le sultan Sélim et fortifia Alger, Bizerte et Tunis. Il fit alliance avec François Ier contre Charles-Quint et aida les Français à reprendre Nice, en 1543. L'imprécision de la langue arabe, qui donne à certains mots des sens très divers, ne permet pas de donner du mot *maghzen* une définition exacte. Un *goum* est un maghzen. Mais sous le régime turc on appelait *tribus maghzen* celles qui acceptaient d'être plus spécialement liées au service militaire, en retour de certaines immunités. Comme elles étaient localisées sur des points déterminés, elles devenaient, en fait ou en droit, propriétaires du territoire occupé ; elle formaient alors de véritables colonies militaires, comme, en Russie, les Cosaques.

Maroc, selon la tradition, les Douair et les Smela, dont Moustafa-ben-Ismaïl était le chef, maintenaient l'autorité du bey turc Hassan dans la province d'Oran. Investies depuis une longue suite d'années, exclusivement à toute autre, du commandement, de l'administration et de la police sur tous les territoires du beylik, ces tribus avaient froissé bien des intérêts, excité des jalousies et suscité des haines. Aussi la position de ces soutiens de la puissance turque devint-elle difficile au moment de la chute des anciens dominateurs. Longtemps avant l'expulsion des Espagnols, les Douair et les Smela avaient été mis en possession des terres les plus fertiles des environs d'Oran, et après la prise de cette ville par Mohamed-el-Kébir, les principales familles que leurs emplois et leurs dignités rapprochaient du pouvoir avaient reçu l'autorisation d'habiter des maisons à l'intérieur de la ville. Ce fut donc avec leurs chefs que nos généraux se trouvèrent en contact dès les premières tentatives de la France dans la province d'Oran.

Quand, au mois d'août 1830, le maréchal de Bourmont entra en pourparlers avec le bey d'Oran qui avait fait des offres de soumission à la suite desquelles Mers-el-Kébir fut occupé par un détachement français, les grands du maghzen essayèrent de nouer des relations avec nous.

« Mais dans ces premiers temps, une préoccupation fatale, ayant sa source dans une ignorance absolue des hommes et des choses du pays, dominait les chefs de l'armée et leur représentait les débris du pouvoir turc comme l'ennemi contre lequel il fallait se mettre en garde, les Arabes, au contraire, comme nos alliés naturels. Les ouvertures du bey Hassan qui aurait accepté le titre de vassal de la France, celles plus pressantes encore des chefs du maghzen, dirigés, dans cette circonstance, par un instinct de conservation assez impérieux pour imposer silence à leurs scrupules religieux, ne furent point accueillies. La position de ces derniers était délicate : compromis aux yeux des marabouts et vis-à-vis du parti fanatique qui, déjà, cherchait à se les attacher, ils hésitaient à se jeter dans le grand mouvement qui se préparait au sein des tribus. Dans cette disposition des esprits, une allure franche et dégagée de tergiversation, une attitude ferme à l'époque

·des premiers actes d'hostilité eussent facilement rallié à notre cause le maghzen et ses chefs... (¹). »

Repoussés par nous, les chefs du maghzen se jetèrent dans le parti religieux et se posèrent en ennemis des chrétiens. Mais leur aga Moustafa-ben-Ismaïl, vieillard illustre, d'une imposante figure, auquel sa valeur guerrière et son intelligence politique avaient valu un immense prestige, conscient des haines que son énergie dans la répression des délits commis par les tribus arabes lui avait attirées, ne se hâta pas de fournir à ses coreligionnaires l'appui de ses cavaliers.

La révolution de Juillet avait amené l'évacuation d'Oran, mais le général Clausel, qui avait remplacé le maréchal de Bourmont, fit, de nouveau, occuper Oran par une brigade aux ordres du général de Damrémont qui reprit possession de la place le 4 janvier 1831. Toutes les familles riches des Douair et Smela qui habitaient la ville en sortirent.

Sur ces entrefaites, le sultan du Maroc, profitant du désarroi général, prenait possession de Tlemcen qu'occupa son beau-frère Moulaï-Ali, tandis que le général Clausel proposait au bey de Tunis la cession des provinces de Constantine et d'Oran. Cependant les Douair et Smela se partageaient en deux camps : l'un, commandé par El-Mzari, neveu de Moustafa-ben-Ismaïl, se rendit à Tlemcen et se reconnut vassal du sultan marocain, tandis que l'autre restait fidèle à Moustafa qui refusait d'abandonner le bey Hassan. Mais à l'arrivée à Oran d'une garnison tunisienne et de l'aga Kérédine, kalifa du bey Ahmed, amenés par un vaisseau français, Hassan, ayant vendu ses biens, fut rapatrié en Asie sur sa demande et Moustafa rejoignit El-Mzari à Tlemcen, avec ce qui restait du maghzen. Le général Clausel, désavoué, fut rappelé le 21 février; mais comme les Tunisiens étaient à Oran, le gouvernement reprit les négociations. Elles n'aboutirent pas, et le nouveau bey, avec son escorte, fut ramené à Tunis le 17 août.

Arrivé à Tlemcen, Moustafa, auquel Moulaï-Ali, représentant du sultan, avait promis qu'il ne serait pas inquiété pour avoir

---

(¹) *Notice historique sur le maghzen d'Oran,* par le colonel Walsin ESTERHAZY, du 2ᵉ spahis. Oran, 1849.

tardé de reconnaître l'autorité chérifienne, fut destitué, mis aux fers et envoyé à Fez. En apprenant cette trahison, les douars qui l'avaient suivi rétrogradèrent et regagnèrent leur ancien territoire, sous les murs d'Oran. Les relations du maghzen avec nos troupes se bornèrent à alimenter nos marchés pendant toute l'année 1831. Moulaï-Abderaman avait désapprouvé la conduite de son lieutenant à l'égard de Moustafa ; voulant se l'attacher, il combla le vieil aga de présents et lui confia l'un de ses neveux, Bel-Amri, avec mission de l'établir à Mascara, en qualité de bey. Moustafa, de retour dans sa province, réussit à installer ce chef marocain dans cette ancienne capitale du beylik.

Parmi les marabouts qui prêchaient la guerre sainte, le plus influent, El-Hadj-Maheddine, père d'Abd-el-Kader, avait été interné à Oran, pendant plusieurs années, par le bey Hassan. Il prit la tête du mouvement religieux et tous les contingents se rassemblèrent, sous son autorité, pour venir attaquer Oran (mai 1832). Ce ne fut qu'une démonstration ; elle fut renouvelée en octobre. Maheddine, homme de prière plus qu'homme de poudre, fit reconnaître son fils Abd-el-Kader comme sultan, au commencement de 1833, et les puissantes tribus des Hachem et des Beni-Amer lui jurèrent fidélité. Le nouvel élu écrivit à Moustafa-ben-Ismaïl pour lui faire reconnaître son autorité ; mais ce dernier ne put consentir à soumettre sa vieille expérience militaire à l'autorité d'un homme de zavouia. Il engagea cependant les autres chefs des Douair et Smela à se rendre à Mascara et à subir patiemment, puisqu'ils ne pouvaient l'empêcher, « *ce qui était écrit* ». Les chefs du maghzen convoqués reçurent l'investiture du nouveau sultan. Toutefois les Hachem et les Beni-Amer ne pouvaient oublier leurs griefs contre les anciens maîtres du pays ; ils dissimulaient mal leurs sentiments de rancune et d'hostilité. Même au sein du maghzen une scission s'était produite. Une fraction des Douair et Smela était restée à Mascara auprès d'Abd-el-Kader, mais la plus nombreuse avait suivi Moustafa, qui s'était établi dans la plaine de Mleta. En mai 1833, l'émir réunit toutes ses forces pour combattre le général Desmichels, qui, à la tête de la garnison d'Oran, commençait à rayonner autour de la place pour se donner de l'air. Moustafa avait répondu à l'appel d'Abd-el-Kader avec ses cavaliers, mais il manœuvra isolément avec son goum, comme l'émir avec le sien. Les deux attaques furent repoussées et, après l'action, chacun se retira dans une direction différente. Moustafa, mécontent de la tournure prise par les événements et toujours en méfiance de ses nouveaux alliés, fit de nouveau une tentative auprès du général français ; ses ouvertures ayant été froidement accueillies, il cessa toute démarche.

Abd-el-Kader, voulant toujours étendre son pouvoir, s'empara de Tlemcen qu'abandonnèrent les Marocains, mais les Coulouglis qui tenaient le Méchouar refusèrent d'accepter son autorité et l'émir, n'ayant pas les moyens voulus pour en faire le siège, dut se contenter d'occuper la ville et de forcer les tribus qui lui avaient refusé leur concours à demander l'aman. Les Douair et Smela, obéissant à leurs instincts de pillage, prenaient part à toutes les razzias motivées par ces exécutions.

Le général Desmichels ayant défait à Temzoura, le 4 décembre 1833, les bandes soumises à Abd-el-Kader, ce dernier, conscient de leur manque de discipline, demanda la paix, afin de s'organiser pour mieux pouvoir nous combattre. Un traité fut signé le 6 février 1834 ([1]).

Pendant les seize mois que dura la paix, l'animosité déjà latente entre Moustafa et l'émir ne fit que grandir. Indigné de la morgue dont le jeune sultan faisait preuve dans ses rapports avec lui, le vieux chef du maghzen d'Oran en vint à lui refuser obéissance. Apprenant qu'Abd-el-Kader convoquait ses goums pour lui courir sus, Moustafa offrit, pour la troisième fois, la soumission complète des Douair et Smela, au commandant de la division d'Oran. Le général Desmichels refusa cette offre avec dédain ; bien mieux il appuya son refus d'une démonstration

---

([1]) Le général Desmichels, grand admirateur d'Abd-el-Kader, s'était laissé duper au point de signer le texte arabe du traité sans s'assurer qu'il était conforme au texte français ; et quand il eut acquis la preuve de cette duplicité, loin de se révolter contre des exigences qu'il n'avait pas acceptées, il ne cessa d'appliquer les clauses du traité selon les intérêts de l'émir. Blâmé par le comte d'Erlon, alors gouverneur, il fut rappelé le 16 janvier 1835 et remplacé par le général Trézel. Ce traité du 26 février 1834, connu sous le nom de « traité Desmichels », consacra la puissance d'Abd-el-Kader, auquel nous allions fournir des instructeurs, des armes, de la poudre et tout ce qui lui manquait pour nous combattre.

militaire de la garnison d'Oran contre Misserghin qu'occupait Moustafa avec le maghzen. Méconnu des Français, le vieil aga décida ses tribus à le suivre au Maroc. Précédé d'une nombreuse émigration, il se dirigeait à marches forcées sur la frontière quand il fut atteint à Ennaya, en vue de Tlemcen, par Abd-el-Kader et ses goums. Ayant fait tête rapidement, Moustafa surprit son ennemi par une feinte, suivie d'une offensive audacieuse, et battit complètement son adversaire, lui enlevant son camp, ses bagages et ses chevaux de main. Poursuivi à outrance et abandonné des siens après une seconde affaire vers la Sikak, l'émir ne dut son salut qu'à la nuit.

Moustafa se flattait qu'une aussi brillante victoire sur un ennemi en nombre très supérieur lui vaudrait un meilleur accueil du général Desmichels. Il lui offrit encore une fois ses services, réclamant en retour sa protection et faisant valoir cette raison fort juste qu'Abd-el-Kader était, à la fois, l'ennemi des Français et le sien. Pour toute réponse, le général mit en prison les émissaires de Moustafa et envoya à l'émir 400 fusils français et des munitions, avec ses condoléances pour son échec et en lui exprimant son espoir d'une prochaine revanche !

Moustafa, qui n'avait consenti à cette inutile démarche que pour répondre aux regrets qu'éprouvaient ses tribus d'abandonner leur pays, reprit la route du Maroc. Il se fit précéder par de riches présents provenant du butin conquis sur Abd-el-Kader ; mais, contre son attente, ses envoyés furent mal reçus et Abderaman prescrivit au maghzen d'Oran de se soumettre à l'émir, au nom de l'Islam. Moustafa dut s'y résigner. L'émir s'avançait à la tête de forces considérables pour venger ses affronts d'Ennaya et de la Sikak. Soutenu par les preuves éclatantes de la protection des Français, il avait réuni tous les goums du Chélif à la Moulouya. Moustafa ne doutait pas de l'issue du combat, mais, voulant tomber avec honneur, il marcha au-devant d'Abd-el-Kader. La rencontre eut lieu à Meraz, pays des Angad du Tell. On tirailla toute la journée sans grandes pertes de part et d'autre ; l'avantage resta à l'émir. Ce dernier, désireux de rattacher Moustafa à sa cause, lui prodigua les promesses et les marques de déférence ; mais l'aga refusa de le suivre à Mascara et obtint de se retirer au méchouar de Tlemcen où le suivirent plus de cinquante familles de ses fidèles, pendant que le reste du maghzen regagnait la plaine de Mleta sous la conduite d'El-Mzari, investi de la dignité d'aga par Abd-el-Kader.

Les agents que l'émir, en vertu du traité Desmichels, entretenait dans les ports de la province d'Oran, faisaient la police des musulmans jusqu'à l'intérieur de nos places. Plus grande était la condescendance du commandement français et plus leurs exigences croissaient au point de devenir intolérables. Abd-el-Kader, informé que quelques familles des Douair et Smela recevaient, au mépris de ses ordres, des officiers de la garnison, voulut couper court à des relations qu'il voyait à regret s'établir entre chrétiens et musulmans. Il prescrivit aux caïds des Douair et Smela de lui apporter les têtes des Français qui oseraient pénétrer dans leurs tentes. N'ayant pu obtenir que les lois de l'hospitalité fussent aussi indignement violées, il chargea l'aga El-Mzari d'arrêter deux notables du maghzen, Ismaïl-Ould-Cadi, des Douair, et Hadj-el-Ouzza, des Smela, plus particulièrement signalés comme amis des Français. Prévenu, le général Trézel, qui avait remplacé le général Desmichels comme commandant de la division d'Oran, envoya aussitôt, le 14 juin 1835, son aide camp, le capitaine de Lagondie, à El-Mzari, pour réclamer la mise en liberté d'Ismaïl qui venait de partir enchaîné pour Mascara. A l'approche des deux escadrons de chasseurs d'Afrique qui escortaient le capitaine d'état-major, l'aga prit la fuite. Lagondie, dont la mission était de négocier la mise en liberté d'Ismaïl, se trouvait fort embarrassé, quand les amis du prisonnier, enhardis par la présence des chasseurs d'Afrique, sautèrent à cheval et, partant à fond de train sur les traces d'El-Mzari, le rejoignirent et lui enlevèrent Ismaïl qu'ils ramenèrent au général Trézel, ayant encore ses fers rivés aux jambes. Le 16 juin, à la sollicitation des Douair et Smela qui redoutaient d'être razziés par l'émir, le général porta son campement au camp du Figuier pour protéger le maghzen. Le commandant de la division d'Oran réunit aussitôt les notables Douair et Smela et conclut avec eux le traité qui amena leur rupture définitive avec l'émir et fit d'eux à jamais nos meilleurs auxiliaires.

En voici le texte :

Conditions arrêtées, le 16 juin 1835, au camp du Figuier, entre le général Trézel, autorisé par le gouverneur général, et les chefs des tribus des Douair et Smela.

ART. 1. — Les tribus reconnaissent la souveraineté du roi des Français et se réfugient sous son autorité.

ART. 2. — Elles s'engagent à obéir aux chefs musulmans qui leur seront donnés par le gouverneur général.

ART. 3. — Elles livreront, à Oran, aux époques d'usage, les tributs annuels qu'elles payaient aux anciens beys.

ART. 4. — Les Français seront bien reçus dans les tribus, comme les Arabes dans les lieux occupés par nos troupes.

ART. 5. — Le commerce des chevaux, des bestiaux et de tous les produits sera libre pour chacun dans les tribus soumises ; mais les marchandises destinées à l'exportation ne pourront être déposées et embarquées que dans les ports qui seront désignés par le gouverneur général.

ART. 6. — Le commerce des armes et des munitions de guerre ne pourra se faire que par l'intermédiaire des autorités françaises.

ART. 7. — Les tribus fourniront leur contingent toutes les fois qu'elles seront appelées, par le commandant d'Oran, à quelque expédition militaire dans les possessions d'Afrique.

ART. 8. — Pendant la durée des expéditions, les cavaliers recevront la solde de *deux francs* par jour, et les hommes à pied, armés du fusil, recevront *un franc*. Les uns et les autres apporteront au moins cinq cartouches ; il leur sera donné, de nos arsenaux, un supplément de dix cartouches. Les chevaux des tribus soumises, tués dans le combat, seront remplacés par le gouvernement français.

ART. 9. — Les tribus ne pourront commettre d'hostilités sur les tribus voisines que dans le cas où celles-ci les auraient attaquées, et alors le commandant d'Oran devrait en être prévenu sur-le-champ, pour qu'il leur porte secours et protection.

ART. 10. — Lorsque les troupes françaises passeront chez les Arabes, tout ce qu'elles demanderont pour la subsistance des hommes et des chevaux sera payé au prix habituel et de bonne foi.

ART. 11. — Les différends entre les Arabes seront jugés par leurs caïds ou leurs cadis ; mais les affaires de tribu à tribu seront jugées par le cadi d'Oran.

ART. 12. — Un chef, choisi par chacune des tribus, résidera à Oran avec sa famille.

Le général Trézel ayant fait connaître à Abd-el-Kader sa résolution de protéger efficacement les Douair et Smela, en reçut la réponse suivante, le 21 juin : « Tu sais à quelles conditions le général Desmichels s'est engagé avant toi, et tu m'as fait les mêmes promesses, à ton arrivée, de nous rendre chaque homme qui aurait commis une faute et se serait sauvé chez vous, et cela quand il ne s'agirait que d'un seul individu. A combien plus forte raison doit-il en être ainsi quand il s'agit de deux tribus ! Les Douair et les Smela sont mes sujets, et d'après notre loi j'ai le droit d'en faire ce que bon me semble... » Abd-el-Kader prévenait le gouverneur général qu'il allait châtier les deux tribus et que, si le commandant d'Oran voulait s'opposer à cette exécution, ce serait la guerre.

En adressant au comte d'Erlon le message de l'émir, le général Trézel ajoutait : « ... Laisser Abd-el-Kader exercer le droit qu'il s'arroge sur les tribus, c'est le reconnaître souverain absolu et indépendant... C'est consentir à ce qu'il consomme la ruine de deux tribus, pour effrayer les autres, et placer Oran dans un désert de 8 lieues de rayon ; c'est enfin prendre un parti aussi honteux pour la France que cruel pour les malheureux qui ont invoqué son appui. Je n'aurais pas le courage d'accepter même l'exécution d'un ordre de retraite et, si les instructions du cabinet pouvaient forcer l'un de nos plus anciens et plus glorieux chefs à le donner, je vous prierais de me le faire transmettre par mon successeur. »

Les événements se précipitaient et le loyal Trézel n'eut pas à se soumettre à cette cruelle alternative : dès le 22 juin, nos postes étaient attaqués sur différents points. Le général rassemblait une colonne de 2 500 hommes et se portait à la rencontre d'Abd-el-Kader, pour aboutir malheureusement au désastre de la Macta, rude épreuve qui nous apporta un précieux témoignage de la fidélité du maghzen.

Pendant que se déroulaient les tristes péripéties de ce drame, les Douair et Smela exécutaient leur mouvement de concentration de Misserghin sur Oran. Quelques cavaliers seulement furent députés au camp français pour y témoigner, par leur présence, que notre cause était la leur. Ils combattirent vaillamment dans nos rangs et signalèrent au général qu'il faisait fausse route en jetant sa colonne dans les marécages de la Macta. Leurs avis furent repoussés, mais la confiance du maghzen ne fut pas ébranlée par notre défaite. C'est en faisant la fantasia que, conduits par le commandant de Lamoricière, ses cavaliers vinrent à Arzeu chercher les débris de la colonne sur laquelle ils comptaient, la veille de la rencontre du 26, pour assurer leur protection ([1]).

Le comte d'Erlon, surpris par l'initiative du général Trézel, avait subi, à grand'peine, la fatalité d'une rupture avec Abd-el-Kader; il avait compté sur la victoire, la défaite l'exaspéra. Non content d'accabler dans un acte officiel son lieutenant trahi par la fortune, il le fit immédiatement relever de son commandement et lui intima l'ordre de rentrer en France sans passer par Alger. Il

---

([1]) A l'arrivée de la colonne Trézel à Arzeu, le 28 juin au soir, le général envoya sur un canot, à Mers-el-Kébir, un officier d'état-major, avec ordre de faire partir pour Arzeu tous les navires disponibles. Son intention n'était d'abord que d'embarquer les blessés et les malades, mais la prostration des autres était telle qu'il ne jugea pas possible de les ramener par terre à Oran. Le 30 juin, au soir, un grand nombre de navires étaient arrivés; presque tout ce qui restait de l'expédition, sauf la cavalerie, avait déjà été mis à bord. Au même moment, d'un bâtiment à vapeur, détaché d'Alger par le comte d'Erlon, descendait le commandant de Lamoricière, porteur de la réponse du gouverneur général au rapport relatif au traité conclu avec le maghzen au camp du Figuier. Cette réponse, datée du 27 juin, prescrivait au général Trézel de rentrer à Oran et d'attendre l'issue de négociations dont Lamoricière allait être chargé. C'était pour remplir cette mission que, n'ayant pas trouvé le général à Oran, il avait poussé jusqu'à Arzeu. Comprenant qu'elle était devenue inutile, Lamoricière, homme d'initiative, n'hésita pas à s'en donner une autre : « J'ai vu l'état de l'armée, écrivait-il, c'était bien pénible. Le moral était aussi bas que possible. La panique avait été plus forte qu'à la retraite de Médéa et la perte plus considérable sur un effectif bien moins nombreux. On ne pouvait penser à ramener les troupes autrement que par mer. » Après avoir vu le général Trézel, Lamoricière se rembarqua pour Mers-el-Kébir. Le 3 juillet, on le vit reparaître, venu d'Oran par terre, avec les capitaines Cavaignac et de Montauban, sous l'escorte de 200 cavaliers des Douair et Smela. « Habile autant que brave, dit le général Trézel, parlant la langue des Arabes, il avait obtenu d'eux plus qu'aucun général en chef n'avait pu faire depuis notre arrivée en Afrique. J'ai honte de le dire, que depuis trois jours je pressais le lieutenant-colonel de Beaufort, des chasseurs d'Afrique, de partir avec moi par terre, et que, loin de me seconder dans cette résolution d'honneur, il fomentait dans son régiment une inertie et même un esprit de résistance qui m'avaient retenu jusqu'alors de donner cet ordre de départ. Je ne voulais pas exposer ce corps à commettre cet acte public d'indiscipline que la faiblesse de quelques officiers préparait évidemment. Le 2e régiment de chasseurs d'Afrique est très bien composé en soldats, sous-officiers et sous-lieutenants; au-dessus de ce grade, les braves n'y dominent plus en nombre ni en autorité. » Grâce à Lamoricière, le brave et malheureux général put rentrer à Oran autrement qu'en fugitif, à la tête des chasseurs d'Afrique et des goumiers du maghzen.

voulait à tout prix faire la paix avec Abd-el-Kader et, sans l'énergique protestation du général Rapatel, il aurait abandonné les Douair et les Smela à la vengeance de l'émir ([1]). Bien qu'ayant échappé à cette inqualifiable disgrâce, leur situation n'était pas enviable. Resserré autour d'Oran, dont la garnison, réduite par l'envoi en Espagne de la légion étrangère, n'osait sortir des murs, notre maghzen manquait d'espace pour nourrir son bétail. Des engagements de tous les jours soutenus contre les Arabes, qui cherchaient à enlever ses troupeaux et y réussissaient parfois, commençaient à jeter le découragement dans les deux tribus. L'arrivée à Alger du maréchal Clausel, comme gouverneur, releva leur moral. Le 8 octobre 1835, Abd-el-Kader vint attaquer Oran : les Douair et les Smela, ayant fait rentrer dans la ville leurs familles et leurs biens, supportèrent seuls les attaques, réitérées sur plusieurs points, sans que le général d'Arlanges osât faire sortir un soldat pour les soutenir. L'émir fut repoussé partout.

Au mois de novembre, le maréchal débarquait à Oran avec le duc d'Orléans. Le maghzen mit à la disposition de l'armée, pour l'expédition de Mascara, 5oo goumiers et 1 ooo chameaux. L'émir ne défendit pas sa capitale, qui fut occupée, puis évacuée à cause de la mauvaise saison. Le maréchal Clausel se replia sur Mostaganem. C'est alors que la fraction des Douair et Smela qui, avec El-Mzari, avait pris parti pour Abd-el-Kader, déserta sa cause et vint demander l'aman, qui lui fut accordé : elle rejoignit avec joie l'autre fraction qui nous était fidèle. Le maréchal emmena le goum à Tlemcen, dont le méchouar, où tenaient toujours les Coulouglis sous le commandement de Moustafa-ben-Ismaïl, était depuis plus de deux ans assiégé par Abd-el-Kader. A l'arrivée de

---

([1]) Tous ces faits connus du public soulevaient l'opinion contre le gouverneur ; une dernière révélation l'accabla. Pendant que les vaincus de la Macta se trouvaient encore sur la plage d'Arzeu, le brick *Loiret*, de la marine royale, capturait à l'embouchure de la Tafna un navire toscan, chargé de 2oo fusils et de 14 milliers de poudre, reste d'une fourniture que l'arsenal d'Alger avait reçu l'ordre de faire, en secret, à Abd-el-Kader. Le comte d'Erlon eut la maladresse de démentir officiellement, d'abord, ce fait qu'il dut avouer ensuite. Il fut relevé de ses fonctions le 8 juillet. Cette série de fautes ralliait toutes les sympathies au général Trézel, auquel une foule de souscripteurs de la ville d'Oran, de l'armée et de la marine offrirent une épée d'honneur en hommage au courage malheureux.

l'armée française, l'émir évacua Tlemcen dont la défense fut confiée au capitaine Cavaignac avec un bataillon d'infanterie et les Coûlouglis passés au service de la France (janvier 1836). Moustafa, sitôt débloqué, se mit à la tête du maghzen et se lança à la poursuite d'Abd-el-Kader, qu'il rejeta dans le djebel Tizi, en tuant bon nombre de ses réguliers.

Désormais, les Douair et Smela participent à toutes les opérations militaires, éclairant et guidant nos colonnes, poursuivant l'ennemi à outrance quand il lâche pied, couvrant la retraite quand nos troupes se retirent. Moustafa et ses goumiers sont cités après chaque combat : nous ne les y suivrons pas. Bugeaud, en 1839, obtint pour Moustafa le grade de général. La mort tragique de cet intrépide guerrier, presque octogénaire, le 23 mai 1843, au lendemain de la prise de la smala, démontre qu'il faut toujours se garder même après la victoire. Le récit imagé qu'en donne le regretté Camille Rousset (¹), l'un des historiens qui ont fait le plus honneur à l'Académie française, trouve ici sa place :

« Nouée et dénouée en une heure, avec l'éclat d'un coup de théâtre, l'action dramatique si vivement menée par le duc d'Aumale allait avoir, à 30 lieues de Taguine, un tragique épilogue. La masse fuyante de la smala, cherchant un refuge dans le Tell, était venue, comme une horde aux abois, se faire prendre aux toiles de La Moricière. Ces malheureux, Hachem pour la plupart, avaient été dépouillés par le maghzen de Moustafa-ben-Ismaïl si complètement que le général, avant de les faire conduire dans la plaine d'Éghris, fut obligé de les nourrir et de les vêtir.

« Gorgés de butin, les mghnazni, Douair, Smela, Garaba ne pensaient plus qu'à regagner leurs douars autour d'Oran et de Mostaganem et à y rapporter leur part de pillage. Moustafa luimême, leur général, était aussi pressé qu'eux de partir. Depuis peu de temps il avait enrichi son harem d'une jeune Algérienne. Passionné comme le Vert Galant, le vieux reître avait hâte de retrouver sa belle. Au lieu de suivre, d'après les sages avis de Lamoricière, le chemin qui de Tiaret mène à Oran par Mascara, il voulut prendre au plus court, par un sentier perdu dans les bois.

(¹) *La Conquête de l'Algérie*, t. I.

C'était le 23 mai. Les cavaliers, à pied, tiraient leurs chevaux pliant sous le faix. Les Cheurfa, dont ils traversaient le territoire et qui s'aperçurent de leur désordre, eurent aussitôt la tentation d'en profiter; au passage d'un défilé, ils attaquèrent. Surpris, surtout préoccupés de sauver leurs bagages, les mghnazni n'essayèrent pas même de se défendre; ils ne songèrent qu'à fuir. « La peur, selon l'image arabe, pénètre dans le cœur du lion par « la porte de l'avarice. »

« Quelques-uns cependant, retenus par la crainte du chef, étaient demeurés en arrière avec Moustafa. Droit sur les étriers, le vieux guerrier faisait le coup de fusil; une balle l'atteignit en pleine poitrine; il s'affaissa sur sa selle, s'y maintint pendant quelques secondes et glissa doucement à terre. Il vivait encore; il vécut assez longtemps pour se voir abandonné par ses hommes que ne terrifiait plus son regard éteint. Un misérable Cheurfa lui coupa la tête et la main mutilée au combat de la Sikkak; puis il se mit à la recherche d'Abd-el-Kader, pour poser à ses pieds la sanglante offrande. L'émir contempla longtemps cette tête pâle et lui fit donner les honneurs de la sépulture. Racheté par les soins de Kaddour-ben-Morfi, le corps fut enterré, le 29 mai, dans le cimetière musulman d'Oran, en présence du général Thierry et de toute la garnison sous les armes.

« Les mghnazni n'avaient même pas eu le bénéfice de leur défaillance; pour sauver leurs têtes, il leur avait fallu faire le sacrifice de leurs bagages. Les premiers arrivés sous Oran avaient parcouru 56 lieues en vingt heures. Accueillis avec horreur et presque repoussés de leurs douars, ils durent expier leur lâcheté par une pénitence de quarante jours. Le neveu de Moustafa, El-Mzari, n'avait pas eu part à cette déplorable aventure. Il fut désigné pour succéder à son oncle dans l'exercice de son commandement, mais non dans les conditions exceptionnelles qui lui avaient été faites. El-Mzari fut installé solennellement par le général Thierry; puis lecture fut donnée au maghzen consterné d'une lettre humiliante de Lamoricière : tant que les Douair et les Smela n'auraient pas recouvré l'honneur, ils n'auraient pas d'autre étendard qu'un lambeau de toile teint en rouge, comme s'il eût été trempé dans le sang de leur aga. »

Ils n'attendirent pas longtemps l'occasion de se réhabiliter : le 8 juin, Abd-el-Kader était tombé sur les Harrar, près de Tiaret, et leur avait fait subir une sanglante razzia. Le 13, le maghzen atteignait une immense émigration de tribus qui cherchaient à rejoindre l'émir et leur enlevait leurs troupeaux, malgré une résistance acharnée qui leur coûtait de nombreux goumiers et deux caïds. Le 4 juillet, les Douair et Smela atteignaient un goum de l'émir et lui enlevaient 119 chevaux.

El-Mzari ne conserva pas longtemps les fonctions d'aga. Accusé d'exactions, il adressa sa démission au général Bugeaud, qui l'accepta et le remplaça par un officier français, le commandant Walsin-Esterhazy, le 13 décembre 1843(¹).

Si j'ai longuement insisté sur le rôle du maghzen d'Oran, c'est pour prouver qu'il est indispensable d'employer des contingents arabes pour réduire leurs coreligionnaires insoumis; on en trouvera toujours. Et il serait d'autant plus facile d'appliquer cette règle au Maroc que, malgré l'anarchie régnante, il y existe des forces constituées sur lesquelles nous pourrions nous appuyer. Ce sont les *tribus maghzen*, colonies militaires dont l'existence remonte à plusieurs siècles. On peut citer :

Les *Cheraga*, venus de Tlemcen, au dix-septième siècle, dans la région de Fez;

(¹) Walsin-Esterhazy (Louis-Joseph-Ferdinand), admis à l'École polytechnique en 1826, sous-lieutenant d'artillerie le 1er octobre 1828, venu à Oran comme lieutenant le 11 mai 1832, cité à l'ordre de l''armée, par le général Desmichels, à la suite du combat de Temzoura (4 décembre 1833), capitaine le 1er janvier 1834, passe chef d'escadrons aux spahis le 22 juillet 1842, y devient lieutenant-colonel (3 août 1845) et colonel (8 novembre 1847); général de brigade le 10 mai 1842 ; général de division (18 mars 1856). Cet officier général, dans sa *Notice historique sur le maghzen d'Oran*, publiée en 1849, se plaint amèrement de l'inexécution du traité conclu avec les Douair et Smela, le 16 juin 1835, dont notre administration est coupable : « Il est, dit-il, des stipulations auxquelles nous n'aurions pas dû toucher : ce sont les clauses favorables aux Arabes que nous avons cru pouvoir, sans raison aucune, effacer d'un trait de plume... en exigeant, avec toute la rigueur possible, l'exécution de celles qui nous étaient avantageuses. Ainsi, par exemple, la solde de guerre stipulée par l'article 8 et qui, à l'époque du traité de la Tafna, avait été transformée en une solde journalière pour un nombre déterminé de cavaliers. Cette solde a été supprimée, mais le service de guerre rigoureusement maintenu... Les conditions de ce traité qui engageaient les Douair et Smela ont été par eux fidèlement remplies... Quand la marche des affaires a dû faire passer l'autorité des chefs arabes aux mains de nos officiers, ce changement n'a point altéré leurs bonnes dispositions et nous n'avons jamais eu d'alliés plus sûrs et plus dévoués; ils nous ont fourni, aux premières demandes et quand nous étions seuls et isolés au milieu

Les *Gherarda*, dans la région sud ;

Les *Oudaja*, à l'ouest de Fez ;

Les *Boukari*, descendants de nègres soudanais achetés par Moulaï-Ismaïl qui les établit autour de Meknès.

On estime à 15 000 cavaliers l'effectif que ces tribus maghzen peuvent mettre en ligne [1].

En assurant à tout ou partie des tribus maghzen, au nom d'un sultan choisi ou imposé, le maintien de leurs privilèges et une solde fixe, sous des chefs possédant le prestige et l'aptitude militaires ainsi qu'une intelligence assez ouverte pour comprendre l'intérêt qu'ils auraient à nous obéir et les avantages qu'ils trouveraient au rétablissement de l'ordre, la pacification du Maroc serait relativement facile.

Si sauvages que soient restés les Marocains dans leur isolement, il n'existe pas moins une nombreuse population qui aspire à la tranquillité : celle des villes, où les propriétaires, les commerçants et les artisans ont intérêt au maintien de la sécurité de leurs personnes et de leurs biens. Vivant dans la crainte d'être rançonnés par l'autorité ou pillés par la populace, ils se croient obligés à manifester des sentiments exagérés de fanatisme religieux et de haine à l'égard des roumis. Mais, dans leur for inté-

---

du peuple arabe, leurs cavaliers pour le combat, leurs bêtes de somme pour nos transports, des espions pour les renseignements, des guides pour diriger nos colonnes. Leurs meilleurs soldats ont été tués à notre service et il est peu de leurs cavaliers qui n'aient été blessés dans nos rangs. Qu'ont-ils gagné à s'associer à nos efforts, à nous fournir ainsi toutes leurs ressources ?... Quand la lutte a été terminée, ont-ils obtenu quelque immunité ? Ont-ils été récompensés par quelque privilège ? Notre action gouvernementale sur eux, comme sur les autres Arabes, a-t-elle été autre chose qu'une machine fonctionnant plus ou moins régulièrement et faisant rendre, à la population, tout ce qu'elle peut rendre, sous le rapport de l'impôt, des amendes, du service de guerre ? Quant aux intérêts généraux de la population elle-même qu'une obligation de reconnaissance nous imposait surtout vis-à-vis des Douair et Smela, qu'a-t-on fait pour les sauvegarder ? Ils ont obtenu, pour prix de leurs services, d'être traités à peu près sur le même pied que les autres tribus dont ils nous avaient si puissamment aidés à amener la soumission par les armes... La fidélité aux engagements dans la bonne et la mauvaise fortune, le dévouement de tous les instants, le beau rôle en un mot, ont été entièrement du côté de ceux que nous appelons des barbares. Quant à nous, nous ne nous sommes guère révélés à eux que par l'oubli des services rendus et des promesses solennelles, un esprit de cupidité tous les jours plus exigeant et tracassier, en un mot l'ingratitude. »

[1] *Marokko. Eine militärische Studie*, par le lieutenant-colonel HÜBNER, de l'armée allemande, supplément n° 5 du *Militär-Wochenblatt*, 1907.

rieur, ils sont prêts à accepter tout régime capable d'assurer l'ordre. Tous les hommes sont guidés par leurs intérêts, et les autres mobiles de leurs actions ne sont que passagers et transitoires. Les Arabes ne font pas exception. Dans certains cas, le fanatisme peut faire oublier l'intérêt, mais le contraire est plus habituel. De même, les hommes s'attachent d'autant plus aux institutions qui les régissent que ces institutions leur offrent plus de bien-être, de sécurité, de garanties. Plus les Arabes seront prospères et plus ils s'attacheront à l'ordre de choses qui aura produit leur prospérité.

La pacification des Chaouïa, si rapidement obtenue par le général d'Amade, en est la preuve bien convaincante. Elle est due à son initiative et démontre qu'après avoir énergiquement fait sentir aux Arabes le poids de nos armes, il est plus profitable de leur tendre la main que de les accabler en les ruinant et en les réduisant au désespoir. Cette opinion, souvent contestée par nos anciens, a été pleinement justifiée et c'est tout à l'honneur des officiers de notre époque.

VI

COMMENT DEVONS-NOUS TRAITER LES ARABES ?

Après la prise d'Alger, personne ne savait, pas plus les membres du gouvernement que les militaires débarqués dans la Régence, ce qu'il adviendrait de notre conquête. Cette ignorance, dont j'ai déjà relevé tant de fois les preuves, s'est fâcheusement manifestée dans nos rapports avec les Arabes.

Le 29 juillet 1830, toute l'armée se trouvait réunie autour d'Alger : « La coupable négligence des chefs de corps, écrit le capitaine d'état-major Pélissier (¹), laissa dévaster les belles et fraîches maisons de campagne qui entouraient cette ville. Au lieu d'employer des moyens réguliers pour avoir du bois, on coupait les haies et les arbres fruitiers, on brûlait les portes, les fenêtres et même les poutres des maisons. Le soldat détruisait aussi pour le plaisir de détruire : les marbres, les bassins, les ornements de sculpture, tout était brisé, sans but et sans profit pour qui que ce fût. Les aqueducs ayant été rompus en plusieurs endroits, presque toutes les fontaines tarirent et l'armée fut sur le point de manquer d'eau. Dès le mois d'août, Alger offrait l'aspect de la plus complète désolation. Cependant, un ordre du jour antérieur au débarquement avait prescrit aux chefs de corps de se mettre en garde contre ces désordres. Les recommandations furent plusieurs fois renouvelées, mais ces officiers n'en tinrent aucun compte, et le général en chef, qui ne sortait pas de son palais, ne sut pas se faire obéir. C'était un triste spectacle de voir ainsi un peuple civilisé donner aux Algériens l'exemple du vandalisme. »

De tels actes n'étaient dus qu'à la coupable insouciance du commandement : ils prirent un caractère plus grave quand ils

---

(¹) *Annales algériennes.*

furent ordonnés systématiquement dans le but de terrifier nos ennemis. De tous les procédés dont les Arabes sont coutumiers, un seul fut adopté : la razzia.

Le 19 novembre 1830, la ville de Blida fut occupée sans résistance ; mais, les Kabyles étant descendus des montagnes voisines pour tirailler sur le front et le flanc de la brigade Achard qui couvrait la ville de leur côté, « l'ordre fut donné de tout détruire et de tout incendier dans cette direction, où se trouvent les plus beaux jardins du pays. En ville, on fusillait, presque sous les yeux du général en chef, tout ce qui était pris les armes à la main. Cette boucherie, présidée par le grand prévôt, dura si longtemps qu'à la fin les soldats ne s'y prêtaient plus qu'avec une répugnance visible. Le général Clausel crut sans doute intimider les Arabes par ces actes de rigueur qui n'étaient cependant pas dans ses habitudes, mais il se préparait de sanglantes représailles. »

Quelques jours plus tard, après l'occupation de Médéa, où le bey Ben-Omar avait reçu l'investiture du général Clausel, une garnison française y fut envoyée sous le commandement du général Danlion (7 décembre 1830).

« Il est, dit le capitaine Pélissier, véritablement bien pénible d'avoir presque toujours à blâmer ; mais comment justifier ce général qui n'a même pas su établir un moulin dont il avait besoin, et qui se vit obligé de diminuer la ration de ses soldats dans une province riche en céréales et dans une ville dont les habitants étaient aussi bien disposés pour notre cause que les gens de Médéa? Le fait suivant donnera une idée du général Danlion. Une tribu arabe, après avoir reçu un cheik de la main de Ben-Omar, le chassa ignominieusement et se mit en état de rébellion contre le bey. Le général Danlion partit de Médéa avec une partie de son monde pour aller châtier cette tribu ; mais, s'étant aperçu qu'elle demeurait un peu loin et qu'il serait fatigant d'aller jusqu'à elle, il se mit à brûler les cabanes et à enlever les troupeaux d'une tribu voisine, pensant que l'effet serait le même (¹). »

Il est inutile de multiplier les exemples, trop fréquents, il faut bien le dire, de tels procédés sommaires, jadis employés en

______

(¹) *Annales algériennes*

Afrique. L'un des partisans les plus convaincus de leur utilité, en raison de son éducation musulmane, le général Yusuf, a tardivement désavoué la *manière forte*, à la turque, dont il avait reconnu les dangers [1] :

« Jadis, j'étais un très zélé partisan de la destruction des récoltes ; j'ai reconnu depuis combien grande était mon erreur. Quand nous croyions détruire les récoltes de l'ennemi, c'était notre propre bien que nous brûlions, car une seule campagne ne suffit pas pour en finir avec les Arabes. L'expérience de dix-neuf ans nous le prouve. Or, si dans une première expédition vous détruisez tout, vous videz complètement les silos, vous mettez la ruine partout, quelles ressources trouverez-vous lorsque vous serez forcés de revenir ? Rien, absolument rien, si ce n'est les traces à peine effacées de vos incendies ! Avec quoi, dès lors, nourrir et les hommes et les chevaux ? »

Un autre maître, lui aussi, en fait de razzia, le général de Lamoricière, a prononcé ces paroles [2] :

« Nous avons une grande injustice à réparer à l'égard de la population musulmane. La France, dès l'origine de l'occupation de l'Algérie, s'était imposé une mission de civilisation vis-à-vis des Arabes. Les chefs chargés de la représenter ont failli, en ce point, à leurs devoirs. Dans les villes, on a traité les indigènes en peuple conquis ; au dehors, nos généraux, et je suis le premier à confesser mes torts et mon erreur, ont vu, dans les tribus, des ennemis à combattre, à dominer par la force, plus que des enfants nouveaux à gagner à la patrie par de bonnes institutions et par une sage administration. La législation spéciale à l'Algérie porte, à un haut degré, ce caractère d'oubli des intérêts arabes. Entrés en vainqueurs dans la capitale de la Régence, nous avions scrupuleusement promis de respecter les mœurs et la religion du peuple conquis, et cependant il n'est pas une de nos mesures administratives, pas un des nombreux arrêtés de notre *Bulletin officiel*, qui témoigne de la préoccupation de sauvegarder les intérêts de cette société arabe, où la loi civile et les croyances reli-

---

[1] *De la Guerre en Afrique*, par le général YUSUF, 1851.

[2] Étant ministre de la guerre, à la commission créée pour la revision de la législation algérienne, séance du 19 décembre 1848.

gieuses sont, pour ainsi dire, confondues dans tous les détails de la vie de chaque jour. Qu'avons-nous fait pour l'instruction publique? pour l'organisation de la justice? pour la constitution d'un personnel du culte suffisamment rétribué? Qu'avons-nous fait pour cette grosse question de la propriété? Rien, ou des choses malheureuses. Notre administration, notre justice ont traité la société musulmane en société conquise à laquelle on ne devait ni ménagement ni bienveillance. »

Depuis que nous sommes en Algérie on a proposé, pour asseoir définitivement notre domination, trois moyens :

L'assimilation progressive des Arabes;

Leur refoulement dans le désert;

Leur destruction.

De ces deux derniers procédés, il serait inutile de faire mention aujourd'hui, car aucun homme de bon sens ne permettrait qu'on les émît devant lui dans toute leur crudité. Mais certains insinuent encore que la race arabe n'étant pas susceptible de progrès est condamnée à fuir devant notre civilisation; il n'y aurait donc pas à se préoccuper d'elle autrement qu'en la tenant en respect par notre force matérielle.

L'Arabe est sobre; il se contente de peu, préfère sa tente à nos maisons, dédaigne nos arts, notre industrie. Il n'a pas changé depuis les âges bibliques ; ses mœurs et son costume sont immuables. Il n'éprouve aucun de nos besoins et nous prend en pitié parce que nous songeons exclusivement à nos intérêts matériels, tandis que lui ne pense qu'à faire son salut grâce à la rigoureuse observance des rites imposés par sa religion (¹).

(¹) Cet état d'âme, réel ou apparent, a captivé beaucoup d'entre nous ; nul n'a mieux décrit cette séduction que le capitaine de Castries, ancien officier des affaires indigènes : « Je m'enfonçais dans le Sahara de la province d'Oran entre Zergoum et Segguer. Derrière moi, trente superbes cavaliers de la tribu des Oulad Yagoub marchaient en groupe confus, l'ardeur de leurs montures rendant tout alignement impossible... Un peu en avant, monté sur une jument blanche qui énervait nos chevaux, un troubadour excitait l'enthousiasme du goum par une improvisation dont mon éloge faisait en partie les frais. J'étais pour ces cavaliers un véritable sultan et ils rivalisaient à mon égard de ces prévenances serviles dont l'Orient a le secret... Il faisait une belle journée d'hiver saharien, un de ces temps où la chaleur est vivifiante, où la pureté de la lumière atteint des intensités surnaturelles, où les senteurs capiteuses de l'armoise vous enivrent et où l'on sent déborder la plénitude de la vie... Mais le chant du trouvère s'arrêta subitement et, s'étant retourné, il cria d'une voix grave : « Maître ! c'est l'heure de l'*asser* » (la prière

L'Arabe doit être convaincu de notre puissance, mais la force, seule employée comme moyen de gouvernement, est incapable de rien fonder de stable.

Il est ignorant et fanatique : qu'avons-nous fait pour l'éclairer ? C'est à la décadence de l'islam qu'est due l'intolérance des populations musulmanes retombées dans une ignorance qui les ramène à la barbarie. A l'époque des croisades, l'esprit de tolérance était du côté des musulmans, plus rapprochés de la civilisation que leurs adversaires chrétiens. Les Omniades qui conquirent l'Espagne laissèrent aux vaincus leur religion, leurs lois et leurs juges ; les chrétiens obtinrent des charges publiques et même des emplois à la cour des khalifes. « Cette politique avait rallié la partie la plus éclairée de la population des villes ; beaucoup d'Espagnols, sans abjurer leur foi, avaient été séduits par les raffinements de la civilisation orientale : ils apprenaient la langue et la littérature arabes, et les prêtres chrétiens leur reprochaient de délaisser les hymnes de l'Église pour les poésies profanes du vainqueur. Si grande était la liberté des cultes en Espagne, à cette époque, que les Juifs, traqués en Europe, se réfugièrent en masse auprès des khalifes de Cordoue ([1]). »

L'imprécision des termes de la loi coranique permet à ses commentateurs d'en tirer les conclusions les plus opposées. C'est aux gouvernements de nos possessions en Afrique de surveiller le recrutement des muftis et l'enseignement des medersas pour que puissent se propager, dans la masse des illettrés musulmans, les idées de tolérance et de libéralisme qui déjà sont acceptées par les sujets instruits dans nos écoles.

---

commune)... Je m'éloignai, j'aurais voulu rentrer sous terre ! Je voyais les amples burnous s'incliner à la fois dans un geste superbe aux prostrations rituelles ; j'entendais, revenant sur un ton plus élevé, l'invocation : *Allah akber !* Dieu est le plus grand ! Et cet attribut de la divinité prenait dans mon esprit un sens que toutes les démonstrations métaphysiques des théodicées n'avaient jamais réussi à lui donner. J'étais en proie à un malaise indicible... Je sentais que, dans ce moment de la prière, ces cavaliers arabes, si serviles tout à l'heure, avaient conscience qu'ils reprenaient sur moi leur supériorité... Qu'ils étaient bien en harmonie avec ce paysage grandiose, ces hommes majestueusement drapés dans leurs vêtements de laine ! Près d'eux, leurs chevaux, la bride à terre, subitement calmés, semblant respecter la prière de leur maître... Moi seul, dans cette immensité saharienne, j'étais disparate avec mon costume militaire étriqué... ». (*L'Islam,* par le comte Henri DE CASTRIES. Paris, Armand Colin, 1896.)

([1]) Comte Henri DE CASTRIES, *op. cit.*

Peuple pasteur et agricole, l'Arabe ne peut être indifférent à tout ce que nous faisons pour qu'augmentent entre ses mains les produits de son troupeau et de sa terre. Quand il possédera plus d'aisance, il comprendra mieux les avantages de notre civilisation plus avancée que la sienne.

L'Arabe est reconnaissant : nos bienfaits répandus sur lui ne risquent donc pas de tomber sur une pierre où ne saurait germer aucune semence, car « l'ingratitude n'habite pas son cœur » ; et celui auquel il se montre le plus sensible — peut-être pour en avoir été privé de tout temps — c'est la justice.

La population arabe qui vit sous notre domination augmente rapidement et augmentera encore davantage à mesure que ses conditions hygiéniques et son bien-être seront améliorés.

Est-il une plus belle mission pour notre France du vingtième siècle que de s'attacher à la régénération des Arabes, race fière, guerrière, intelligente, depuis des siècles mal gouvernée par des potentats égoïstes, insouciants, cruels, détraqués par l'abus des plaisirs sensuels ? Ces peuples, ballottés sans cesse de l'absolutisme à l'anarchie, ne sont plus aujourd'hui qu'une poussière humaine. Le groupe social n'y dépasse pas la tribu et souvent ne l'atteint pas. Seul un gouvernement fort, mais humain, connaissant la société arabe et la mentalité musulmane, peut les amener à la civilisation.

Pour longtemps encore c'est à nos officiers des affaires indigènes que sera imposée la tâche captivante de guider la masse des nomades dans la voie des progrès accessibles. Je n'en sais pas de plus intéressante, de plus difficile, de plus méritoire. Elle exige la variété des connaissances, la complexité des qualités morales, intellectuelles et physiques, une activité inlassable, avec le mépris absolu de tout ce qui compte comme agréments de la vie civilisée. Trop longtemps, nos fameux *bureaux arabes* ont eu une fâcheuse réputation qu'ils étaient loin de mériter dans leur ensemble. C'est que l'idée, très répandue parmi nos officiers, au début de la conquête, que pour gouverner les Arabes il fallait employer le système turc, fondé sur l'arbitraire et la crainte du bâton, avait généralement prévalu. Certains chefs croyaient bien faire en incarnant une âme de chaouch (¹). Il n'en est plus de même aujourd'hui, car notre armée d'Afrique peut fournir une pléiade d'officiers aptes à collaborer au relèvement intellectuel et moral de nos sujets musulmans.

(¹) J'ai cité le duc de Rovigo qui, pour avoir pris part à la campagne d'Égypte, croyait devoir gouverner les Arabes à la manière *turque*. Un autre officier de l'Empire, le général Pierre Boyer, *Égyptien* plutôt deux fois qu'une, car, après avoir fait partie de la grande expédition de 1798, il venait de passer six ans au service de Méhémet-Ali, était de la même école. Commandant à Oran (1831), il se montra impitoyable et faisait couper les têtes, sur le moindre soupçon. Son ordre du jour, à sa prise de commandement, mérite d'être reproduit :

ORDRE DU JOUR N° 10

Le lieutenant-général, gouverneur de la province, prévient MM. les chefs de corps et de détachements de toutes armes, formant la division d'Oran, que les Arabes du dehors viennent de lui faire les plus grandes protestations de dévouement et de soumission. La connaissance qu'il a de ces peuples nomades, sa confiance qu'ils ne sont jamais plus à craindre que lorsqu'ils *s'abaissent à la soumission*, le déterminent à recommander de redoubler de surveillance aux postes et aux forts extérieurs. Il engage MM. les officiers à se mêler peu avec les chefs qui viennent en ville et à éviter avec eux toute communication et familiarité. Nous sommes les maîtres du pays ; nous devons avoir peu de fréquentation avec les gens du dehors et l'on peut s'en rapporter au lieutenant-général pour la manière de les mener et de les faire surveiller.

Oran, le 7 octobre 1831.

Le lieutenant-général, gouverneur de la province,

Signé : Pierre BOYER.

« Arrivé à Oran précédé d'une grande réputation de sévérité qui lui avait acquis, pendant la guerre d'Espagne, le surnom de *Pierre le Cruel*, dont il était seul à s'honorer, le général Boyer était, du reste, un homme d'esprit et de capacité, instruit et ami des arts, doux et affable dans son intérieur et pourvu d'une foule de qualités estimables qui contrastaient singulièrement avec sa terrible réputation justifiée par ses actes. Malheureusement, la cruauté, comme moyen politique, était systématique chez lui, c'était une affaire de conviction et de raisonnement plus encore que de caractère. » (*Annales algériennes.*)

VII

CONCLUSION

L'étude de l'histoire militaire démontre que la première condition qui s'impose à tout gouvernement décidé à recourir aux armes, c'est de fixer le but de son action et d'y adapter les moyens nécessaires : gouverner c'est prévoir.

Tout en reconnaissant que notre intervention au Maroc était compliquée, tant par l'anarchie endémique du pays où nous allions opérer, que par l'attitude « inamicale » de l'Allemagne et par la mauvaise foi des adversaires du gouvernement à l'intérieur, il faut convenir que ce dernier aurait pu mieux faire. Son indécision — dont les événements ne paraissent pas l'avoir guéri — n'a cessé d'entraver l'initiative du commandement.

Depuis plus de deux ans le gouvernement avait accumulé sur la frontière algérienne les fautes politiques et militaires en faisant jouer à nos officiers et à nos soldats un rôle douloureux et stérile de sacrifiés, alors qu'il avait pour devoir de faire respecter nos droits. En effet, le 20 juillet 1901, la France et le Maroc ont signé, pour le règlement des questions relatives à leur frontière, un traité dont voici l'article 1 :

Le gouvernement chérifien consolidera par tous les moyens possibles, dans toute l'étendue de son territoire, depuis l'embouchure de l'oued Kiss (Adjeroud) et le Téniet-Sassi, jusqu'à Figuig, son autorité maghzénienne telle qu'elle est établie sur les tribus marocaines depuis le traité de 1845. Le gouvernement français, en raison de son voisinage, lui prêtera son appui en cas de besoin...

Ce traité, dit le *Temps* ([1]), s'inspirait d'une vue juste des lieux et des intérêts. La frontière que le traité de 1845 a tracée entre l'Algérie et le Maroc est en effet purement conventionnelle. Elle ne sépare rien de réel. Les tribus chevauchent sur cette ligne idéale. Toute action

---

([1]) « L'affaire de Bou-Denib » (*Le Temps*, 16 mai 1908).

économique, politique ou militaire qui s'arrêterait à cette ligne serait frappée de stérilité. En 1845 déjà, on avait reconnu la nécessité d'éviter cet arrêt arbitraire, et ce droit de suite nous avait été accordé. Mais le droit de suite ne peut aboutir, dans l'ordre pacifique, à aucun résultat durable. Ce sont ces résultats que M. Révoil, comme ministre à Tanger et comme gouverneur de l'Algérie, se préoccupa de préparer. Les accords qu'il négocia et conclut y auraient assurément réussi. Mais à peine le général Lyautey avait-il commencé, avec un plein succès, en qualité de commandant de la subdivision d'Aïn-Sefra, l'organisation de la frontière méridionale, que le problème marocain, se compliquant, passa du terrain africain sur le terrain européen.

La politique antifrançaise de l'Allemagne, affirmée par le voyage à Tanger du 31 mars 1905, eut sur notre frontière algérienne une répercussion presque immédiate. Dès le lendemain de cette visite, le représentant du maghzen à Oujda recevait l'ordre de cesser les relations amicales qu'il avait jusqu'alors entretenues avec les autorités françaises. Trois semaines après, l'amel de Figuig, au reçu d'une lettre du pacha de Tanger, prescrivait aux gens de Zenaga, qui la veille encore nous étaient fidèles, de ne pas se compromettre avec nous, « l'heure approchant où les Allemands viendraient remplacer les Français ». Le même pacha, un mois plus tard, annonçait que le sultan, appuyé par l'Allemagne, allait exiger l'évacuation des oasis sahariennes occupées, en 1900, par nos troupes. Le gouverneur du Tafilalet parlait à tout propos de la guerre de délivrance. Lorsque, le 18 février 1906, le chef du poste français de Beni-Ounif fit tirer une salve en l'honneur de l'élection de M. Fallières, l'amel de Figuig fit sortir sa maigre garnison et la passa en revue en disant : « D'ici peu, grâce aux Allemands, nous aurons, nous aussi, l'occasion de nous réjouir. » Les Douï-Menia s'agitaient. Le marabout de Kenadsa s'opposait à la construction d'une infirmerie indigène qu'il avait lui-même sollicitée...

Les accords franco-allemands de 1905 et l'acte d'Algésiras de 1906, en reconnaissant explicitement le droit de la France de régler seule avec le sultan toutes les questions relatives à la frontière, nous rendirent notre liberté d'action. Nous ne sûmes malheureusement pas profiter de cette liberté. Tout le monde à Fez prévoyait que, en vertu de notre droit reconnu par l'Europe, nous allions exiger la collaboration active des autorités marocaines pour la mise en vigueur des accords de 1901. Nous n'en avons rien fait, et nous avons ainsi donné de notre décision et de notre force une fâcheuse impression. Dès le mois de septembre 1906, le *Temps* en exprimait son regret. Le gouvernement d'alors n'en tint nul compte. Il fallut, en mars 1907, l'assassinat du docteur Mauchamp pour déterminer l'occupation d'Oujda, qui fut d'ailleurs rendue inutile par la détestable organisation qu'on y institua. Le gouverneur général de l'Algérie, frappé du danger croissant, demanda l'autorisation d'installer un poste à Cheràa : elle lui fut refusée le 9 septembre 1907...

L'idée d'instituer à Oujda, ville militairement occupée en pays ennemi, un commissaire civil (avec une colonne autonome à la disposition de ce fonctionnaire et l'obligation de se concerter avec la légation de Tanger, le gouvernement de l'Algérie, le 19ᵉ corps, la division d'Oran, avec les ministres des affaires étrangères, de la guerre et le président du conseil) devait fatalement engendrer l'anarchie et l'impuissance. Bien que le ministre des affaires étrangères ait tenté de justifier cette organisation devant le Parlement, elle ne résiste pas à l'examen. Il est de toute évidence que, seul, le général Lyautey devait avoir la direction et la responsabilité de ce qui se passait à Oujda ; chargé depuis six ans de la surveillance de la frontière, cet officier général avait déjà donné sa mesure, et l'invasion des Beni-Snassen est venue à point démontrer les vices de l'organisation hybride du commissariat à plusieurs têtes dont Oujda avait été si singulièrement gratifié, au nom de la suprématie du pouvoir civil ! La violation de notre frontière était due au manque d'énergie dont nous avions fait preuve depuis trop longtemps et à l'imprévoyance du gouvernement, qui avait eu la fâcheuse idée de constituer le corps d'occupation de Casablanca en empruntant aux troupes de la province d'Oran, la seule menacée, plus de 4 000 hommes. Les Beni-Snassen n'étaient, ni par le nombre ni par l'armement, des adversaires bien redoutables, et, s'ils ont pu, au moment où la frontière oranaise était dégarnie, incendier des fermes, inquiéter nos tribus et nos colons pendant quelques jours et troubler le gouvernement, le commandement militaire ayant été remis aux mains du général Lyautey, nos agresseurs furent repoussés et poursuivis ; leur pays fut occupé et *pacifié* avec un succès auquel le prestige du pouvoir civil n'avait pas suffi.

Cependant, si l'occupation de Casablanca par le général Drude nous laissa confinés dans une défensive dont les explications données à la Chambre par les ministres n'ont pas fait nettement connaître les causes, le général d'Amade a joui d'une initiative qui lui a permis de poursuivre, avec une méthode et une sûreté incomparables, les opérations actives qui ont amené la pacification des Chaouïa, frappant témoignage de la politique française créatrice d'ordre, de paix et de liberté.

Mais, par une étrange contradiction, le gouvernement interdisait toute offensive contre les Berabers, sur la frontière algérienne, alors que leurs projets étaient connus et leur intention d'attaquer nos troupes annoncée à l'avance. Cette interdiction eut pour résultat la surprise du 15 avril à El-Menabha, journée, glorieuse pour nos troupes, qui nous a néanmoins coûté les pertes les plus sérieuses éprouvées depuis notre intervention au Maroc. La formation de la harka de Moulaï-Lhassen était signalée depuis trois mois. Au lieu de marcher sur elle et de l'écraser, on l'a laissée grossir et prendre confiance dans sa force.

Et c'est quand nos règlements actuels — inspirés par les causes aujourd'hui démontrées de nos défaites en 1870-1871 : l'inertie et la passivité du commandement — nous ordonnent l'offensive, qu'on impose à nos troupes la défensive sur place ! Alors que l'enseignement de l'École supérieure de guerre la condamne de la façon la plus formelle en proclamant ses inconvénients : écrasante infériorité stratégique et tactique, inextricables embarras de toute nature, paralysie du commandement, pertes finales plus grandes et, par-dessus tout, effet moral désastreux pour l'esprit des troupes !

On pouvait croire que les précédentes leçons auraient suffi. Il n'y paraît guère. Le 16 mai, un décret, signé du président de la République, nommait le général Lyautey haut commissaire du gouvernement français dans la région marocaine ; mais dans l'exécution des mesures nécessaires à l'accomplissement de sa mission, cet officier général, qui commande la division d'Oran, dépend du gouvernement général de l'Algérie et de la légation de Tanger. Le bon sens suffit pour discerner que ni la légation de France à Tanger, qui est à plus de 500 kilomètres de la Moulouya, ni le gouvernement de l'Algérie, plus éloigné encore, n'ont qualité pour exercer sur les *mesures nécessaires à prendre* la direction immédiate et absolue que comporte le mot « dépendance ». « Comment ne pas craindre qu'avec un pareil régime le général haut commissaire, gêné, paralysé, tiraillé en tout sens, soit incapable de remplir le dessein qu'il a conçu et fait approuver le 6 mai par M. le président du conseil ([1]) ? »

L'arrivée du général d'Amade, le 30 juin, sur l'Oum-er-Rbia a eu pour résultat de faire fuir d'Azemmour, sans coup férir, les gens de Moulaï-Hafid. Mais le désaveu du gouvernement qui a suivi prouve l'incertitude qui règne encore dans ses conseils. Comment limiter en pays ennemi l'action des chefs militaires qui, à pied d'œuvre, en sont les seuls juges compétents et responsables ? Et ce n'est pas l'empereur Guillaume II, imbu des principes prussiens et soldat dans l'âme, qui limiterait — de loin — l'initiative de ses généraux devant l'ennemi, sous le vain prétexte d'obéir à une fiction diplomatique.

Aucun protocole ne saurait prévaloir sur les événements. L'acte d'Algésiras ne pouvait prévoir ceux de Casablanca. Nous sommes venus au Maroc avec l'assentiment des puissances. Nous y combattons un adversaire fanatique, barbare, perfide, dépourvu de la moindre notion du *droit des gens*. C'est la guerre que nous faisons et, à la guerre, il n'y a qu'une règle : combattre l'ennemi à outrance.

Les discussions sur la neutralité à observer entre Abd-el-Azis, Moulaï-Hafid, ou tout autre *roghi* éventuel, peuvent être un sujet intéressant pour une conférence d'avocats ; sur place il ne peut être question de palabrer, mais d'agir : *Facta, non verba!* Il est regrettable que le gouvernement ne l'ait pas compris. Les hafidistes de Paris et de Berlin, à qui les attaques du prétendant contre les troupes françaises ont inspiré pour ce personnage une sympathie soudaine, furent seuls à se réjouir du désaveu infligé au général d'Amade. Notre prestige n'y a pas gagné. Quand Moulaï-Hafid, qui nous attaquait depuis six mois sans merci, a voulu, pour marcher sur Fez, traverser les Mzab, qui sont une partie des Chaouïa, on a interdit au général d'Amade de l'arrêter. Et on l'a laissé passer tranquillement. Mais quand Abd-el-Azis, sultan légitime, reconnu par l'Europe et auquel notre gouvernement avait remis en grande pompe, peu auparavant, le grand cordon de la Légion d'honneur, a décidé de marcher sur

---

([1]) « Le Haut Commissariat et la Frontière marocaine » (*Le Temps*, 17 mai 1907).

Marakech, on lui a défendu de suivre la route normale qui l'aurait conduit à Fedala, à 20 kilomètres de Casablanca et ensuite à travers le territoire des Chaouïa. Est-ce là une politique qui fasse honneur à la France ?

Nous aurions dû, de toute évidence, soutenir Abd-el-Azis. Toutefois notre « lâchage », fâcheux pour notre dignité, pouvait, il faut le reconnaître, lui être utile.

Notre intervention, au Maroc, en qualité de protecteurs d'Abd-el-Azis en vertu de l'acte d'Algésiras, a infiniment nui à l'ex-sultan que ses relations avec les chrétiens avaient déjà rendu impopulaire. Le coup d'État de Moulaï-Hafid a eu pour prétexte notre protection supposée, mais nullement effective, car nos hésitations n'ont pas permis de la réaliser. Nous avons ainsi compromis la cause que nous devions soutenir. Toutefois, il faut reconnaître que la diversion de Moulaï-Hafid ne peut que nous être utile en augmentant l'anarchie qui est l'état normal des tribus marocaines. Elle est aujourd'hui à son plus haut degré d'intensité. Tous les chefs arabes passent d'un camp à l'autre, selon l'avantage momentané qu'ils y trouvent, et les tribus ne cherchent, dans leurs manifestations contradictoires de loyalisme envers les divers prétendants, qu'à pêcher en eau trouble et à piller le bien d'autrui. Les compétitions à main armée, les confiscations ordonnées par les chefs locaux, les emprisonnements et les meurtres ne peuvent qu'exaspérer les intérêts particuliers de la masse. La fatigue générale des belligérants les prédispose à désirer la paix, et il nous sera facile de l'imposer et de la maintenir, en donnant l'appui de nos armes à celui des prétendants, quel qu'il soit, qui présentera le plus de garanties et qui, soutenu et dirigé par la France, assurera à tous les Marocains las du désordre la sécurité de leurs personnes et de leurs biens.

Il n'y a pas d'autre solution à envisager.

TABLE DES MATIÈRES

Nancy, impr. Berger-Levrault et Cie